Caderno de Músicas
VAMOS TIRAR O BRASIL DA GAVETA

Rolando Boldrin

Nº Cat. 316-A

Irmãos Vitale S/A Indústria e Comércio
Rua França Pinto, 42 - Vila Mariana - São Paulo
CEP. 04016-000 - Fone: 11 5081-9499 - Fax: 11 5574-7388

© Copyright 2006 by Irmãos Vitale S.A. Indústria e Comércio.
Todos os direitos autorais reservados para todos os países. *All rights reserved.*

CIP-BRASIL. CATALOGAÇÃO NA FONTE
SINDICATO NACIONAL DOS EDITORES DE LIVROS - RJ.

B672c

Boldrin, Rolando, 1936-
Caderno de músicas : vamos tirar o Brasil da gaveta / Rolando Boldrin. - São Paulo : Irmãos Vitale, 2006

ISBN 85-7407-208-7

1. Boldrin, Rolando, 1936-.
2. Música popular - Brasil - História e crítica.
   I. Título.
   II. Título: Vamos tirar o Brasil da gaveta.

06-0587.   CDD 780.500981
                                  CDU 78.067.26(81)

16.02.06   21.02.06   013375

CRÉDITOS

Diagramação / Capa: Débora Freitas

Editoração das Partituras: Marcos Teixeira

Transcrição Musical: Edson Cipó

Revisão Musical / Coordenação Editorial: Cláudio Hodnik

Texto Biográfico / Iconografia: Patricia Maia

Foto da Capa: Pierre Yves Refalo

Produção Executiva: Fernando Vitale

ÍNDICE

Biografia 04

Chico boateiro 13
Onde anda Iolanda 16
Amor de violeiro 18
Mariana e o trem de ferro 21
Musa caipira..24
O casamento de Maria Branca 27
Tema para Juliana...30
Atitude 32
Seresta 34
Choro de consolação..36
O santo de cá 39
Genuflexório 42
Pra 82 44
Êta mundo...46
Eu, a viola e Deus 49
Morena por mal dos pecados 52
Êta país da América..54
Vide, vida marvada..57
Faca de ponta 60
Toada da revolução...62
Terno de missa..65
Moda do dente..68
Moda do jogo 71
Tempo das aves..74

Caderno de Músicas

Rolando (à esquerda) com o irmão Leile.

Rolando Boldrin nasceu em São Joaquim da Barra, interior de São Paulo, em 22 de outubro de 1936. Aos sete anos, já tocava viola e, aos 12, formando com um irmão a dupla Boy e Formiga, fazia sucesso no rádio de sua cidade. Interpretavam cantigas em dueto, modas de viola toadas e canções.

Desde cedo Rolando demonstrou sua afinidade com a cultura brasileira. Ouvia João Pacífico, Raul Torres, Serrinha, Mariano e Alvarenga.

Toda Família (Rolando é o último à direita)

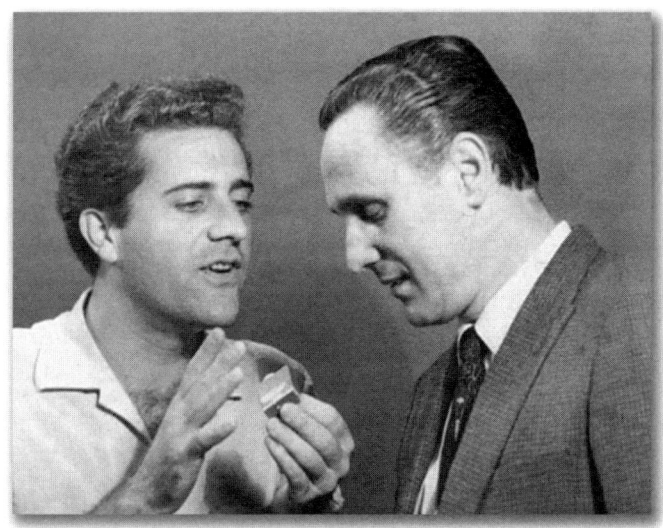
Batendo um samba com Francisco Petrônio

São Joaquim da Barra - Radio ZYK4
(como locutor Melquior de Lima)

Mesmo criança se interessava pelas coisas musicais e culturais. Com nove anos, já lia Catulo da Paixão Cearense, alguma coisa de Guimaraens Rosa e Zé da Luz (livro na foto acima), um poeta Paraibano.

Também chegou a assistir ao nosso grande Cornélio Pires, em suas apresentações pelas praças do interior, o que certamente influenciou bastante na cultura e no gosto musical do nosso "cantadô" de São Joaquim da Barra- SP.

Nos altos falantes ouvia, Orlando Silva, Chico Alves, Carmem Miranda, Silvio Caldas, Noel Rosa e Vicente Celestino. Dos caipiras ouvia Alvarenga e Ranchinho, Jararaca e Ratinho, e Xerém e Bentinho.

Veio de carona em um caminhão para São Paulo, aos 16 anos, com uma mala só com uma gravata jogada dentro, por que seu pai, Amadeu, disse que sem gravata ninguém vem pra na capital.

No caminho ainda, na estrada, arrumou um trabalho de frentista. Foi cabeçada pra cá, trombada pra lá, alguns serviçinhos de sapateiro, garçom, ajudante de farmacêutico e por ai vai. O que um menino de 16 anos podia esperar na grande capital, cheia de bondes, jardineiras e fumaça?

Aos 18 anos serviu o exército em Quitaúna, Barueri. Quando saiu já cantava, contava causos, misturava samba e moda de viola conhecia a obra de Noel Rosa, Sinhô, Almirante, e gravou a segunda musica de Noel "Minha Viola".

Caderno de Músicas

De contar "causos", sempre gostou de observar os tipos humanos brasileiros, as coisas engraçadas ou tristes que acontecem com as pessoas. E desses registros da vida cotidiana Rolando cria seus personagens e "causos" que conta.

"Tudo que me aconteceu, aprendi na vivência. Meu professor de viola foi um caboclo que eu descobri que tocava, e como eu queria aprender, ele me ensinou a dar os primeiros ponteados, uma afinação chamada rio abaixo. E só dali toquei o barco sozinho. Com o tempo me interessei pelo violão, mas sempre sozinho, numa procura".

Festival da Canção (1968)

PROGRAMAS DE TV

Som Brasil - TV Globo (1981-1982-1983)

Empório Brasileiro - TV Bandeirantes (1984)

Empório Brasil - SBT (1989)

Estação Brasil - TV Gazeta (1997)

Sr. Brasil - TV Cultura (2005)

Com Saudoso Ranchinho
(Criação imortal de Alvarenga e Ranchinho)

Num forte abraço com o compositor Gil

Com o velho Moreira

Cenário do segundo ano do Som Brasil (Criação) José de Anchieta

Com saudoso Bentinho da dupla Xerém e Bentinho

O violão de Paulinho Nogueira

Junto com Fafá cantando uma obra de Catulo da Paixão Cearense

O violeiro Adauto Santos, num trecho do Show "Brasil em Preto e Branco"

Barreto da dupla Barreto e Barroso, relembrando a rádio MayrinkVeiga

ESTAÇÃO BRASIL

Com Renato Teixeira cantando "Funeral de Lavrador"

Almir e Carlão um voz e violão num dueto Mato-grossense

SR. BRASIL

Thitany com Rubinho do Vale, mineiros no ABC do Amor (Sr. Brasil)

Estação Brasil

O violonista Swami Jr e a cantora Luciana Souza diretamente dos States para o Sr Brasil

RÁDIO

Violas de Repente (1980 e 1981)
Rádio Jornal de SP Bandeirantes

Violas de Repente (1982) - Rádio Globo

5 Minutos de Brasil (2005) - Rádio Globo

DISCOGRAFIA (GRAVAÇÕES)

O Cantadô - Continental (1974)

Êta Mundo - Continental (1976)

Longe de Casa - Continental (1978)

Rio-Abaixo - Continental (1979)

Giro-o Giro - Continental (1980)

Caipira - Selo Som Brasil RGE (1981)

Poemas do Som Brasil - Selo Som Brasil RGE (1982)

Violeiro - Selo Som Brasil RGE (1982)

Empório Brasileiro - (1983) Ariola/Barclay (1984)

Terno de Missa - RGE (1989)

Perto de Casa - RGE (1991)

Disco da Moda - RGE (1993)

Resposta do Jeca Tatu - (poemas) RGE (1989)

Clássicos do Poema Caipira - Barclay (1984)

Vamos tirar o Brasil da Gaveta - Intercd Coletânea - 8 CDS (2004)

Rolando Boldrin e Renato Texeira - Kuarup (2005)

Caderno de Músicas

TEATRO

Os Inimigos (1966) - Teatro Oficina
Oh! Que Delícia de Guerra (1967) - Teatro Bela Vista
Feira Paulista de Opinião (1968) - Teatro Arena
Comédia Atômica (1969) - Teatro Gazeta - Arena
Fabrica de Chocolate (1971) - Teatro Ruth Escobar
Crimes Delicados (1974) - Auditório Augusta
Os Próximos (1975) - Teatro de Arena
Abelardo e Heloísa - Teatro Paiol
Roda Cor de Roda - Teatro Itália

TEATRO MUSICADO

Palavrão - Show com a Banda De Pau e Corda
Teatro das Nações (1974)
Teatro de Quintal (1975)
Paia...Assada - Teatro Paiol (1987)
Brasil em Preto e Branco (1993 e 1994)

LIVROS

Contando Causos - Editora Nova Alexandria (2001)
Empório Brasil - Editora Melhoramentos (1985)
Palco Brasil - Imprensa Oficial (2005)

CINEMA

Doramundo - Direção: João Batista de Andrade (1978)
    Melhor ator - Prêmio APCA

O Tronco - Direção: João Batista de Andrade (1999)
    Melhor ator coadjuvante - Prêmio Festival de Brasília - Candango

Doramundo (1978)

No filme "BILIZIKIDI" com a atriz Maria Izabel de Lizandra (1975)

"Almoço com as estrelas" com elenco da novela "Mulheres de Areia"

1974

TELEVISÃO

Os Deuses Estão Mortos - TV Record (1971)

Biliziquidi - Tele-Teatro Especial TV Tupi (1974)

A Severa - Tele Teatro - TV Tupi (1963)

Humor com David Neto - Tele Teatro - TV Tupi (1960)

O Bem Amado - Dias Gomes TV Tupi (1960) - 1ª gravação realizada em externa - 1ª montagem

Mulheres de Areia - TV Tupi (1974)

Ovelha Negra - TV Tupi (1975)

Os Imigrantes - TV Bandeirantes (1980)

Alma Cigana - Ivani Ribeiro - TV Tupi - 1964

Se o Mar contasse - Ivani Ribeiro - TV Tupi - 1964

Quem Casa com Maria - Lúcia Lambertini - TV Tupi - 1964

Direito de Nascer - Félix Caignet - TV Tupi 1961

Gutierritos, o Drama dos Humildes - Walter George Durst - TV Tupi 1965

O Direito dos Filhos - Teixeira Filho - TV Excelsior 1968

A Viagem - Ivani Ribeiro - TV Tupi - 1976 - Melhor ator - Prêmio APCA

O Profeta - Ivani Ribeiro - TV Tupi - 1978

Roda de Fogo - Sérgio Jockyman - TV Tupi - 1978

Algemas de Ouro - Benedito Ruy Barbosa - TV Record 1969-1970

As Pupilas do Sr. Reitor - Lauro César Muniz - TV Record 1971

Ana" - 1970

Pé de Vento - Benedito Ruy Barbosa - TV Bandeirantes 1980

Cavalo Amarelo - Ivani Ribeiro - TV Bandeirantes 1980

Chico boateiro

ROLANDO BOLDRIN

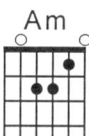 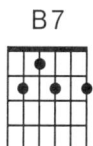 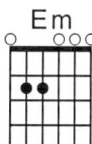 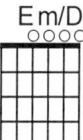 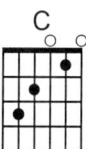 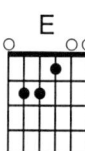

      Am
Olha o Chico boateiro
   B7   Em
Que prazer mais lindo
    B7   Em
De contar mentiras, de tão lindo enredo
  Em/D   C   B7   Em
E diz que foi com ele que aconteceu
 Em/D   C   B7   Em
Diz que foi com ele que aconteceu.
E   B7   E
Forma-se a roda, o Chico então começa
    B7
Vai pregando peça
       Em
E peça quem quiser
     Am   B7   Em
Que ele inventa uma outra história
    C
A história aumenta
   B7   Em
A gente não se agüenta
   Em/D C   B7   Em
Mas a história é livre e Chico também é
 Em/D C   B7   Em
A história é livre e Chico também é
      Am
Olha o Chico boateiro
   B7   Em
Que prazer mais lindo
   B7
De contar vantagens
     Em
Sem contar dinheiro
  Em/D   C   B7   Em
E diz que em fevereiro vai se aposentar
 Em/D   C   B7   Em
Diz que em fevereiro vai se aposentar.
E   B7   E
Às vezes triste fica sua prosa
   B7
Diz que foi a Rosa

      Em
Diz que foi o amor
         Am   B7   Em
Quem vem de longe este seu desatino
        C   B7 Em
Que quem faz destino é Nosso Senhor
 Em/D   C   B7 Em
Desde menino canta sua dor.
 Em/D   C   B7 Em
Desde menino canta sua dor.
          Am
Olha a moça na janela
    B7   Em
Manda lá pro fundo
         B7
Que a história é forte
      Em
A melhor do mundo
  Em/D   C   B7   Em
O Chico boateiro diz que aconteceu
 Em/D   C   B7   Em
O Chico boateiro diz que aconteceu.
E   B7
Mas eis que um dia
     E
Se desfaz a roda
      B7
A gente pára a moda
       Em
O mundo se acabou
     Am
Vem o outro Chico
   B7   Em
Pra falar de Chico
       C   B7   Em
Pra contar das contas que ele não pagou
 Em/D   C   B7   Em
E conta a morte que ele não contou,
 Em/D   C   B7   Em
E conta a morte que ele não contou,
 Em/D   C   B7   Em
E conta a morte que ele não contou.

Chico boateiro

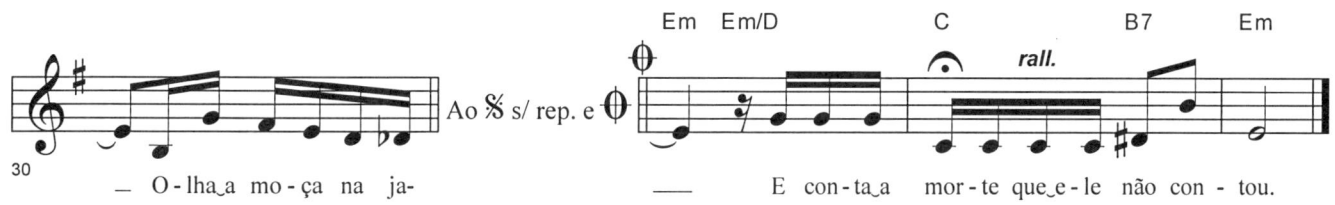

Onde anda Iolanda
Festival internacional da canção 1968

ROLANDO BOLDRIN

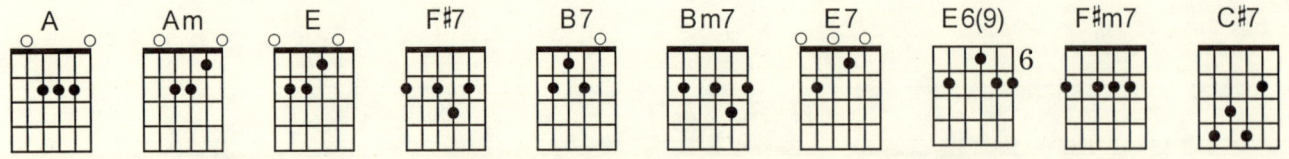

Introdução: A Am E F#7 B7 Bm7 E7
A Am E F#7 B7 E E6(9)

Refrão

     E   F#7
Onde anda Iolan___da
         B7   E
Que entortou a minha vi__da

Que calou meu violão
                 E7
Que escondeu minha bebi___da
         A   Am   E
Que jurou botar___ vene__no
         F#7 B7 Bm7
No meu prato de comi___da,
E7   A   Am   E
Que jurou botar___ vene__no
         F#7 B7   E
No meu prato de comi___da.

                F#m7
Iolanda tem defei___tos
    B7   E
Mas respeita minha dor__
              F#7
Fez um livro de recei___tas
   B7   E
Pra eu ser___ trabalhador__
E7   A
Gosta de me dar conse__lhos
     Am   E
Mas meu samba não supor__ta

    C#7   F#m7
Ai, meu Deus que a conser____ve,
    B7   E
Bem longe da minha por__ta.

Refrão.

                F#m7
Onde anda Iolan____da
   B7   E
Quero só saber com quem__
               F#7
Deus a guarde, tenha sor___te
   B7   E
De não ser___ com João Ninguém__
  E7   A
Eu embora não supor__te
  Am   E
Tanta briga, tanta dor__
  C#7   F#m7
Tomara que tenha sor____te
  B7   E
Tomara que tenha amor.__

Refrão e:
   A   Am   E
Lá, lá, lá, lá, lá,___ lá, lá,__
          F#7 B7 Bm7
Lá, lá, lá, lá, lá, lá, lá, lá,
E7   A   Am   E
Lá, lá, lá, lá, lá,___ lá, lá,__
         F#7 B7 E E6(9)
Lá, lá, lá, lá, lá, lá, lá, lá.

Copyright © 1974 by IRMÃOS VITALE S/A INDÚSTRIA E COMÉRCIO (100%)
Todos os direitos autorais reservados para todos os países.
All Rights Reserved. International Copyright Secured.

Amor de violeiro

ROLANDO BOLDRIN

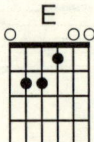 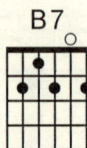 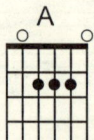 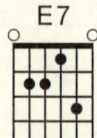

Introdução: E B7 E B7 E

No braço de uma viola (B7)
Eu faço meu cativeiro (E)
Eu choro, a dor me consola (A, E)
E doa a quem doa, parceiro (A, B7, E)
Eu vim de um mundo levado (E7, A)
Misturado por inteiro (B7, E)
Vejo o amor mais procurado (B7)
Que moeda, que dinheiro (E)
Vejo a vela que se apaga (E7, A)
Vejo a luz, vejo o cruzeiro (B7, E)
Vejo a dor, vejo a vontade (B7)
No amor de um violeiro (E)

Instrumental: E B7 E B7 E

No braço de uma viola (B7)
Verdade seja bem-vinda (E)
Que acabe o choro, e que seja (A, E)

O amor a coisa mais linda (A, B7, E)
Eu sou de agora e de sempre (E7, A)
Cantador de mundo afora (B7, E)
Padeço se estou contente (B7)
Me dói a dor de quem chora (E)
Por isso eu sou violeiro (B7)
E num braço de uma viola (E)
Quem quiser me abrace forte (E7, A)
Ou eu abraço primeiro (B7, E)
Sinto a vida, sinto a morte (B7)
No amor de um violeiro (E)
Salve a vida, salve a morte (E7, A)
Salve a hora de eu cantar (B7, E)
Deus me deu tamanha sorte (B7)
Não sair do meu lugar (E)
No braço de uma viola (B7)
Eu faço meu cativeiro. (E)

Amor de violeiro

Copyright © 1973 by IRMÃOS VITALE S/A INDÚSTRIA E COMÉRCIO (100%)
Todos os direitos autorais reservados para todos os países.
All Rights Reserved. International Copyright Secured.

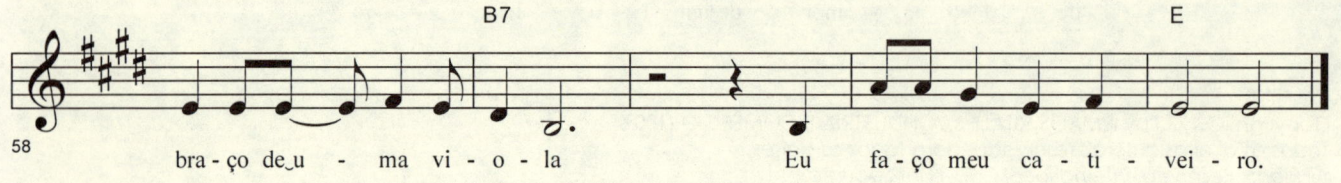

Mariana e o trem de ferro

ROLANDO BOLDRIN

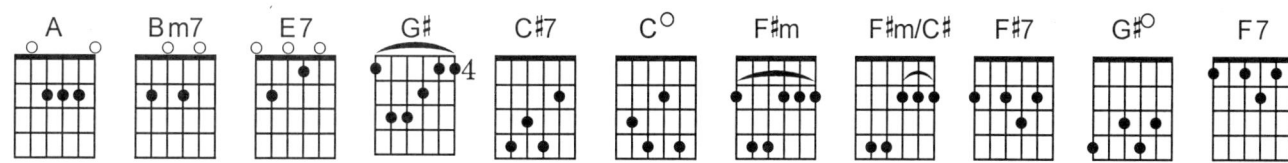

A / Bm7 / E7
Lá, lá, lá, lá, lá, lá, lá, lá, lá, lá, lá, lá, lá,

A / Bm7 / E7
Lá, lá, lá, lá, lá, lá, lá, lá, lá, lá, lá, lá, lá,

A / Bm7 / E7 / A
Meu sertão é coisa à parte quando o sol se vai

Bm7 / E7 / A
Pelo amor da Santa Cruz em nome do meu Pai

G# / C#7 / F#m
Nunca vi coisa mais linda nem um céu igual

Bm7 / E7 / A
Que é pra gente ficar triste mais sentimental,

Bm7 / E7 / A
Que é pra gente ficar triste mais sentimental

A / Bm7 / E7
Lá, lá, lá, lá, lá, lá, lá, lá, lá, lá, lá, lá, lá,

A / Bm7 / E7
Lá, lá, lá, lá, lá, lá, lá, lá, lá, lá, lá, lá, lá,

C#7 / F#m7
Chega gente se assente que eu vou lhe contar

Bm7 / E7 / A
O amor à minha moda posso ensinar

Bm7 / C° / F#m/C#
Se primeiro eu canto a mágoa não se assuste não

C#7 / F#m
É o jeito que se canta aqui no meu sertão

C#7 / F#m
Pega o céu por testemunha e faz uma modinha

F#7 / Bm7
Que o verso nasce feito e fala em caboclinha

G#° / F#m
Mariana vem chegando eu sinto o cheiro dela

C#7 / F#m
Dou-lhe um doce ganho um beijo que é mais doce nela,

C#7 / F#m
Dou-lhe um doce ganho um beijo que é mais doce nela.

C#7 / F#m
Levou quem trouxe já suspiro agora

F#7 / Bm
Já tentei mudar de vida, mas perdi a hora

G#° / F#m
Sem pensar no trem de ferro que atrasado estava

C#7 / F#m
Mariana na janela triste soluçava

C#7 / F#m
Acabou-se o doce dela, acabou-se o meu

C#7 / F#m
Acabou minha modinha triste como eu

F#7 / Bm7
Passa o tempo eu sei que um dia há de passar o trem

G#° / F#m / C#7 / F#m
Mariana vem contente pra cantar também,

F7 E7
Aí ai.

A / Bm7 / E7
Lá, lá, lá, lá, lá, lá, lá, lá, lá, lá, lá, lá, lá,

A / Bm7 / E7
Lá, lá, lá, lá, lá, lá, lá, lá, lá, lá, lá, lá,

Copyright © 1973 by IRMÃOS VITALE S/A INDÚSTRIA E COMÉRCIO (100%)
Todos os direitos autorais reservados para todos os países.
All Rights Reserved. International Copyright Secured.

Musa caipira

ROLANDO BOLDRIN

 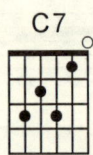 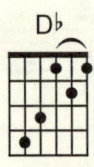 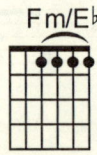 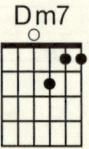 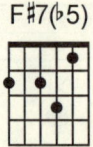  

Introdução: Fm C7 Fm C7 Fm C7 Fm C7

Refrão

```
      Fm              Db        C7   Fm
   [ Quero o rei, quero a rainha, quero o palácio
                    Db           C7   Fm
     Quero o engenho, quero a cana, quero o bagaço,
              Fm/Eb     Dm7         Db
     Eu quero o pai e quero a mãe, e quero o fio,
            C7                 Fm
     Quero o tampo da cumbuca do balaio
     Fm      Fm/Eb       Db
     Eu caio, mas sereno eu caio,
            F#7(b5)   C7        Fm
   [ Caio no tampo da cumbuca do balaio. ] Bis
```

     Bbm   Fm
Eu tenho mais de cinco fio

     Bbm   Fm
Eu tenho mais de cinco irmão

     Bbm   Fm
Eu tenho uma muié amada

              C7
Que me trás marmita

              F7
E que me beija a mão

     Bbm   Fm
Eu tenho mais de cinco enxada

     Bbm   Fm
Eu tenho mais de cinco enxadão

     Bbm   Fm
Eu tenho cinco pá de aço

              C7
Que me cansa o braço

              Fm
E que me corta a mão.

Refrão.

     Bbm   Fm
Eu tenho mais de cinco reza,

     Bbm   Fm
Eu tenho mais de cinco oração,

     Bbm   Fm
Mas tenho mais de cinco enxada,

              C7
Cinco pá de aço,

              F7
Cinco enxadão.

     Bbm   Fm
Eu tenho uma paixão pesada,

     Bbm   Fm
Que corta a vontade no meio

     Bbm   Fm
Eu tenho a goela ressecada

              C7
De não falar nada

              F7
Por ouvir conselho

     Bbm   Fm
Pois tenho mais de cinco fio,

     Bbm   Fm
E tenho mais de cinco enxadão,

     Bbm   Fm
E tenho mais de cinco enxada,

              C7
Cinco pá de aço,

              Fm
E mais de cinco irmão.

Refrão.

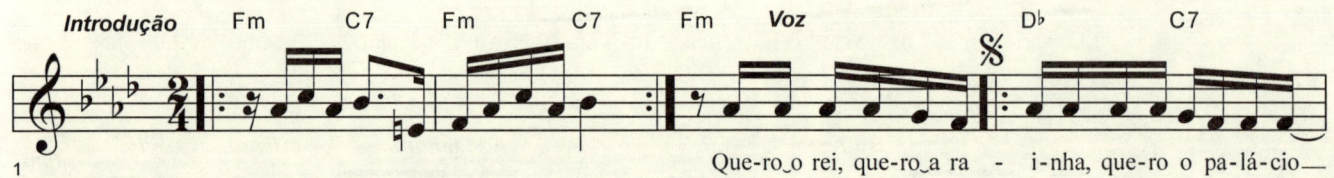

Copyright © 1973 by IRMÃOS VITALE S/A INDÚSTRIA E COMÉRCIO (100%)
Todos os direitos autorais reservados para todos os países.
All Rights Reserved. International Copyright Secured.

O casamento de Maria Branca

ROLANDO BOLDRIN

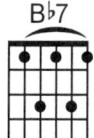 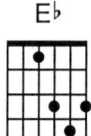 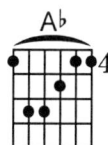

Introdução: **B♭7**

O casamento de Maria Branca

Foi bem diferente

Dos de muita gente
B♭7
Não teve festa

E nem bom-bocado

E não foi convidado nenhum só parente.
B♭7
Somente os dois debaixo de uma árvore

Jurando tudo que vinha na mente.

Bis [
B♭7
Jurando a tal da fidelidade,

Juraram tudo para todo sempre.
]
B♭7   **E♭**
Passando um ano veio o Antonino,
   A♭   **E♭**
E mais um ano veio a Isabel,
   A♭   **E♭**
E mais um ano veio a Carolina,
   B♭7   **E♭** **B♭7**
E mais um ano veio o Gabriel

Os filhos todos de Maria Branca

Foram batizados diferentemente,

Sem água e sal etcétera e tal

Maria Branca era tão diferente

Bis [
B♭7
Na hora santa aproveitava o sino,

E com a mão no menino orava docemente.
]
B♭7
As orações de Maria Branca

Eram diferentes

Das do mundo inteiro

Bis [
B♭7
Pedia a Deus que um fosse soldado,

E que o outro filho fosse carpinteiro.
]

As orações de Maria Branca

Eram diferentes

Das do mundo inteiro
B♭7
Para as meninas não peço cuidado,

Eu já sou devota de um casamenteiro.
B♭7
Que o Antonino seja um bom soldado,

Mas que o outro filho seja um carpinteiro.
         E♭
Seja um carpinteiro, ai, ai.

Introdução

Copyright © 1974 by IRMÃOS VITALE S/A INDÚSTRIA E COMÉRCIO (100%)
Todos os direitos autorais reservados para todos os países.
All Rights Reserved. International Copyright Secured.

Tema para Juliana
(tema da novela Ovelha negra TV Tupi)

ROLANDO BOLDRIN

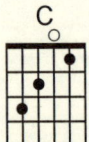
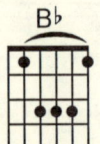

    C   Bb
O amor é meu, o coração é meu
                            C
De mão beijada entrego a quem quiser

Eu só queria ter um bem
    Bb
Faz de conta que eu já tenho alguém
                      C
E que esse alguém também me quer
          Bb
O lugar é meu, o coração é meu
                  C
E aqui estou pro que der e vier
     Bb
E pouco importa
                       C
As pedras do caminho e a felicidade
   Bb
Se a minha sorte
                C
A dura caminhada é a realidade

Se o amor é meu
   Bb
Se o coração é meu
               C
Aqui estou pro que der e vier

Instrumental: **C Bb C**
  Bb
E pouco importa
                       C
As pedras do caminho e a felicidade
  Bb
Se a minha sorte
              C
A dura caminhada é a realidade

Se o amor é meu
  Bb
Se o coração é meu
               C
Aqui estou pro que der e vier.

Se o amor é meu
  Bb
Se o coração é meu
               C
Aqui estou pro que der e vier.

Copyright © 1974 by IRMÃOS VITALE S/A INDÚSTRIA E COMÉRCIO (100%)
Todos os direitos autorais reservados para todos os países.
All Rights Reserved. International Copyright Secured.

Atitude

ROLANDO BOLDRIN
e ANTONIO C. CARVALHO

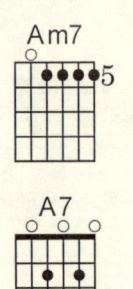
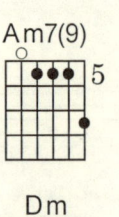
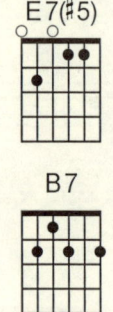
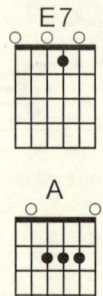
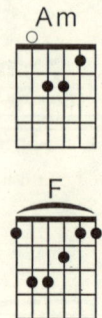

Introdução: **Am7(9) Am7 Am7(9) E7(#5)**

       E7
Hoje eu viro este copo

Hoje eu viro esta mesa
      Am
Hoje eu viro esta vida

Hoje eu compro o teu gesto
       E7
E em sinal de protesto
    Am
Até pago a bebida
       A7
Hoje eu rasgo os teus laços

Te dou mil abraços
     Dm
Te deixo vencida
  B7
Te mato de medo

E matando essa fome
     E7
Te acordo mais cedo

Escrevo meus versos

Escrevo meu nome
     Am
Traço a minha vida

Apago teu fogo
   E7
Jogo teu jogo
     Am
E decido a partida
      A7
Caminho os meus passos

Com pernas de aço
    Dm
Nas terras perdidas
     B7
Mas não deito ao cansaço

Nem choro ou lastimo
    E7
Por qualquer ferida
   A
Tudo o que eu faço

Ta bem feito moço
  F
Tudo o que faço
  A
Ta perfeito moço.

Tudo o que eu faço

Ta bem feito moço
  F
Tudo o que faço
  A
Ta perfeito moço.

Introdução

Copyright © 1975 by IRMÃOS VITALE S/A INDÚSTRIA E COMÉRCIO (100%)
Todos os direitos autorais reservados para todos os países.
All Rights Reserved. International Copyright Secured.

Seresta

ROLANDO BOLDRIN
e CHICO ASSIS

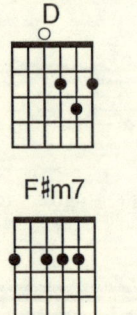
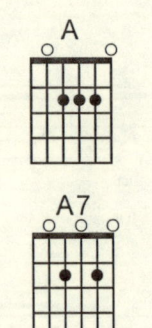
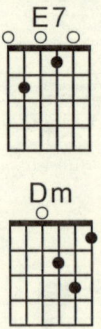
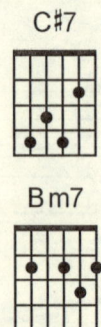

Introdução: **D A E7 A**

        C#7   **F#m7**
Vamos pra debaixo da janela
  A7   **D**
Despertar a moça bela
  Dm   **A**
Pra ouvir a serenata
  D
A voz do trovador
    A
Canção em festa
    E7   **A**
Versos de amor... seresta.
    C#7
Menina eu te quero
    F#m7
A tanto tempo
        A7
Sofro tanto e não reclamo
         D
Deste grande mal de amor

  E7   **A**
E sigo teu caminho pela rua
        E7
És o sol sou sombra tua
        A
Teu escravo teu cantor.
      C#7   **F#m7**
Menina eu te quero desde sempre
    A7 **D**
E ninguém sabe o que sente
  Dm   **A**
O meu pobre coração.
  D   **A**
E canto iluminado à luz da lua
  E7   **A**
Essa seresta, que é tua,
  D   **A**
E canto iluminado à luz da lua
  E7   **A**
Essa seresta, que é tua.

Copyright © 1975 by IRMÃOS VITALE S/A INDÚSTRIA E COMÉRCIO (100%)
Todos os direitos autorais reservados para todos os países.
All Rights Reserved. International Copyright Secured.

Choro de consolação

ROLANDO BOLDRIN

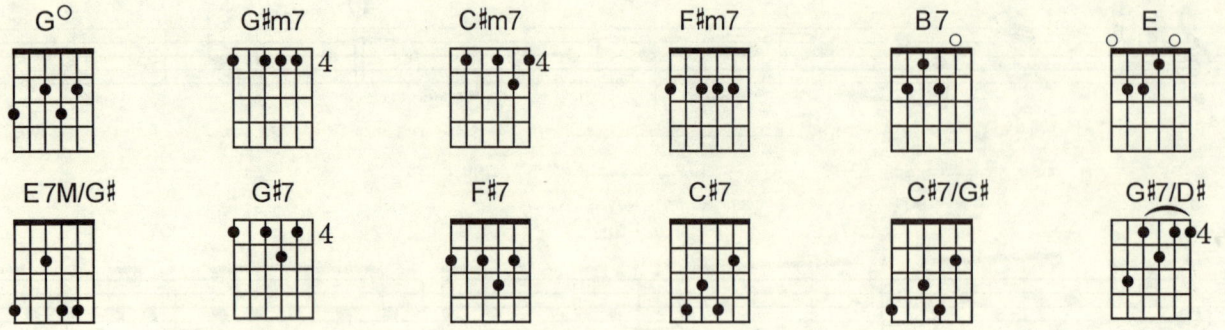

Introdução: Gº G#m7 C#m7 F#m7 B7 E
Gº G#m7 C#m7 F#m7 B7 E

      F#m7   B7   E
Neste meu choro, minha boa amiga
      E7M/G#   Gº F#m7
Se eu fiz intriga, foi pra te livrar
     G#7   C#m7
Há quem se iluda, que a mentira ajuda
     F#7   B7
E eu mentindo quis te ajudar
    C#7   C#7/G# C#7
Menti a hora em que tu foste embora
    F#m7   C#7   F#m7
Inventei brigas lá no teu portão
    Gº   G#m7 C#m7
Até fiz drama no meu samba novo
    F#m7   F#7 B7
Pra dar ao povo uma satisfação
    E   G#7/D# C#m7
Acreditaste não me procuras____te
    C#7   F#m7
Até zombaste do meu violão
    Gº   G#m7 C#m7
Por isso mesmo é que o meu cavaquinho
    F#m7   B7 E
Fez um chorinho de consolação

Bis [
    G#7   C#m7
Chora meu amigo, cavaquinho chora
    G#m7   C#7 F#m7
Chegou a hora vamos trabalhar
    Gº   G#m7 C#m7
O sol já vem, a lua vai embora
    F#m7   B7 E
A gente chora até se acostumar.

Repete toda letra e:

Bis [
    F#m7   B7 E
A gente chora até se acostumar,
    F#m7   B7 E
A gente chora até se acostumar.

Copyright © 1976 by IRMÃOS VITALE S/A INDÚSTRIA E COMÉRCIO (100%)
Todos os direitos autorais reservados para todos os países.
All Rights Reserved. International Copyright Secured.

Nes-te meu cho-ro, mi-nha bo-a a-mi - ga Se eu fiz in-tri-ga, foi pra te li-vrar

Há quem se i-lu-da, que a men-ti-ra a-ju - da E eu men-tin-do quis te a-ju-dar

Men-ti a ho-ra em que tu fos-te em-bo - ra In-ven-tei bri-gas lá no teu por-tão

A-té fiz dra-ma no meu sam-ba no - vo Pra dar ao po-vo u-ma sa-tis-fa-ção

A-cre-di-tas-te não me pro-cu-ras - te A-té zom-bas-te do meu vi-o-lão

Por is-so mes-mo é que o meu ca-va-qui - nho Fez um cho-ri-nho de con-so-la-ção

Cho-ra meu a - mi-go ca-va-qui-nho cho - ra Che-gou a ho-ra va-mos tra-ba-lhar

O sol já vem, a lu-a vai em-bo - ra A gen-te cho-ra a-té se a-cos-tu-mar

Cho-ra meu a-

Men - ti a ho - ra em que tu fos - te em - bo - ra In - ven - tei bri - gas lá no teu por - tão____ A - té fiz dra - ma no meu sam - ba no - vo Pra dar ao po - vo u - ma sa - tis - fa - ção____ A - cre - di - tas - te não me pro - cu - ras - te A - té zom - bas - te do meu vi - o - lão____ Por is - so mes - mo é que o meu ca - va - qui - nho Fez um cho - ri - nho de con - so - la - ção____ Cho - ra meu a - mi - go ca - va - qui - nho cho - ra Che - gou a ho - ra va - mos tra - ba - lhar____ O sol já vem, a lu - a vai em - bo - ra A gen - te cho - ra a - té se a - cos - tu - mar____ A gen - te

O santo de cá

ROLANDO BOLDRIN

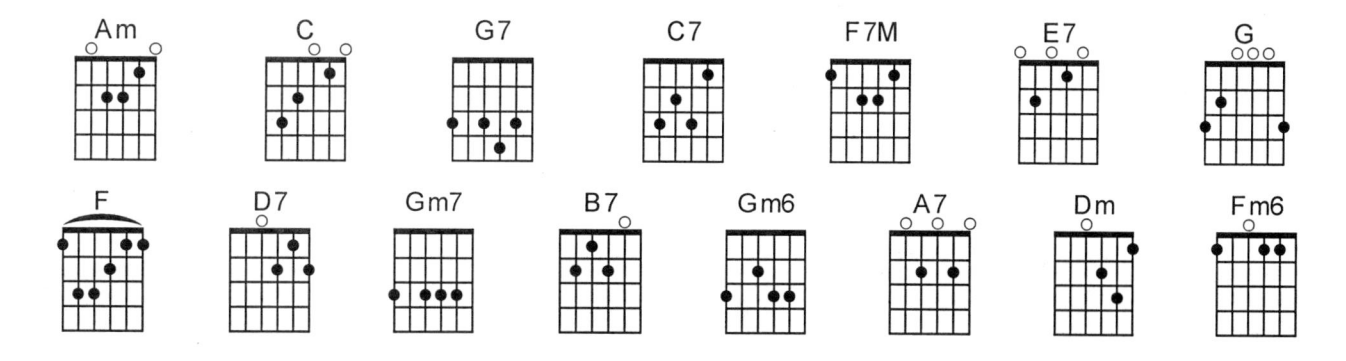

Introdução: **Am**

          C
Castigo do céu vai chegar
      G7   *C*
Quem deve e não paga vê lá
     C7   *F7M*
Tem que inventar oração
    E7   *Am*
Ou vir de rastro no chão

             G
Perdão não foi feito pra dar
        F   *C*
A quem não conhece perdão
      D7   *C*
É hora de ir pra canoa
           E7 *Am*
Remando pra banda de lá
     F *E7* *Am*
A banda de cá é só nossa
      F *E7* *Am* *D7*
Só entra quem sabe sambar.
Gm7   *C7*   *F7M*
O samba ficou do meu lado
    E7   *Am*
O resto ficou com vocês
           F7M
Quem samba não fica parado

          B7   *E7*
Quem pára de amar perde a vez
   Gm6 *A7*   *Dm*
Meu santo não gosta de abuso
  Fm6   *G7*   *C*
Só entra na casa de quem
         Am   *F7M*
Não tem muita coisa pra dar
           B7   *E7*
Mas não quer tirar de ninguém
Am   *C*
É hora de ir pra canoa
              Am
Remando pra banda de lá
     F   *E7*
A banda de cá é só nossa
      F *E7* *Am*
Só entra quem sabe sambar.

Repete toda letra e:

     F   *E7*
A banda de cá é só nossa
      F *E7* *Am*
Só entra quem sabe sambar
     F   *E7*
A banda de cá é só nossa
      F *E7* *Am*
Só entra quem sabe sambar.

O santo de cá

Introdução

Cas-ti-go do céu vai che-gar— Quem de-ve e não pa-ga vê lá— Tem que in-ven-tar o-ra-ção— Ou vir de ras-tro no chão— Per-dão não foi fei-to pra dar— A quem não co-nhe-ce per-dão— É ho-ra de ir pra ca-no-a Re-man-do pra ban-da de lá— A ban-da de cá é só no-sa Só en-tra quem sa-be sam-bar.— O sam-ba fi-cou do meu la-do O res-to fi-cou com vo-cês— Quem sam-ba não

Copyright © 1977 by IRMÃOS VITALE S/A INDÚSTRIA E COMÉRCIO (100%)
Todos os direitos autorais reservados para todos os países.
All Rights Reserved. International Copyright Secured.

34 fi-ca pa-ra - do | Quem pá-ra de_a-mar per-de_a vez___ | Meu san-to não gos-ta de_a-bu-

39 -so | Só en-tra na ca-sa de quem___ | Não tem mui-ta coi-sa pra dar___

43 — Mas não quer ti-rar de nin-guém___ | É ho-ra de ir pra ca-no-

49 -a Re-man-do pra ban-da de lá___ | A ban-da de cá é só nos - sa Só en-tra quem

54 sa - be sam-bar___

59 *Solo* Cas-ti-go do | Ao % e ⊕ | cá é só nos - sa Só en-tra quem sa-be sam-bar___ A ban-da de

Genuflexório

ROLANDO BOLDRIN
e ADRIANO STUART

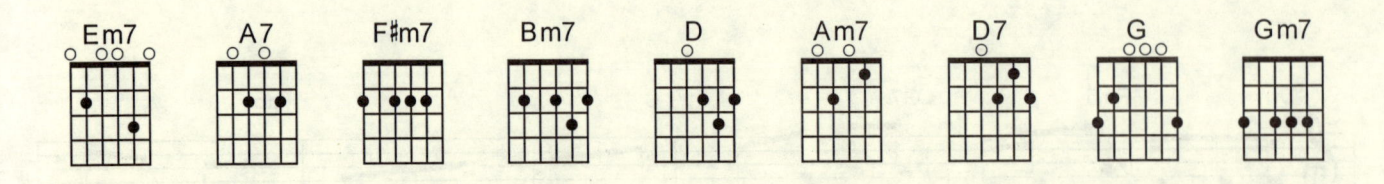

[Chord diagrams: Em7, A7, F#m7, Bm7, D, Am7, D7, G, Gm7]

Introdução: Em7 A7 F#m7 Bm7 Em7
A7 F#m7 Bm7 Em7 A7 F#m7 Bm7
Em7 A7 D

     F#m7
Pensando bem
    Bm7   Em7 A7
Que passo tão errado
    D
Que você deu
    F#m7
Bateu em homem
    Bm7   Em7
Que tem cara de homem
   A7   Am7
E por isso morreu
   D7
No seu velório
   G
Genuflexório

   Gm7   F#m7
Agora é pra chorão comentar
  Bm7   Em7   A7   F#m7
A vida despede mais outro valente
  Bm7   Em7   A7   F#m7
Chorar não coloca ninguém lá no céu
  Bm7   Em7   A7   F#m7
Enquanto eu termino esta parte do samba
  Bm7   Em7   A7   D
Carrega o extinto que eu carrego o chapéu,
  Bm7   Em7   A7   D
Carrega o extinto que eu carrego o chapéu.
                         Am7
Em cada esquina mais um padre nosso
    D7   G
Em cada alça um amigo fiel
    Gm7   D
Já cooperei, eu já fiz minha parte

Fade out
  Bm7   Em7   A7   D
Carrega o extinto que eu carrego o chapéu,
  Bm7   Em7   A7   D
Carrega o extinto que eu carrego o chapéu.

[Sheet music notation with lyrics: Pen-san-do bem Que pas-so tão er-ra-do Que vo-cê deu Ba-teu em]

Copyright © 1977 by IRMÃOS VITALE S/A INDÚSTRIA E COMÉRCIO (100%)
Todos os direitos autorais reservados para todos os países.
All Rights Reserved. International Copyright Secured.

ho-mem Que tem ca-ra de ho - mem E por is-so mor-reu___ No seu ve - ló-rio Ge-nu-fle-xó-ri-

- o A-go-ra é pra cho-rão co-men-tar___ A vi-da des-pe-de mais ou-tro va-len-
___ En-quan-to eu ter - mi-no es - ta par-te do sam-

- te Cho-rar não co - lo-ca nin-guém lá no céu___ -tin-to que eu car-re-go o cha-péu___
- ba Car - re - ga o ex-

___ Car-re-ga o ex-tin - to que eu car-re-go o cha-péu___ Em ca-da es - qui-na mais um pa-dre nos-

- so Em ca-da al - ça um a - mi-go fi - el___ Já coo-pe - rei, eu já fiz mi-nha par-

- te Car - re-ga o ex - tin - to que eu car - re - go o cha - péu.___ Car - re - ga o ex - tin-

- to que eu car-re-go o cha-péu.___   Ao % e ⊕   -tin-to que eu car-re-go o cha-péu.___

___ Car - re - ga o ex - tin - to que eu car - re - go o cha - péu.___ Car - re - ga o ex-

Pra 82

ROLANDO BOLDRIN

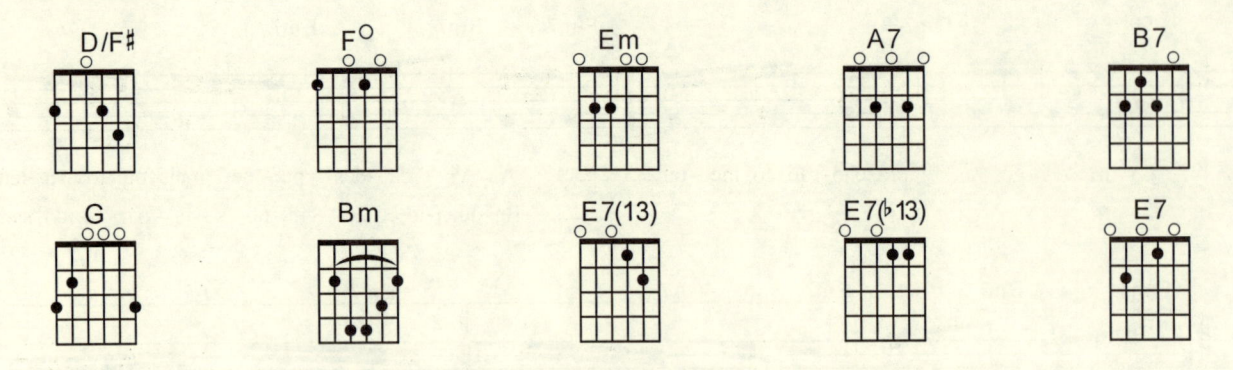

Introdução: **D/F# F° Em A7 D/F# F° Em A7**

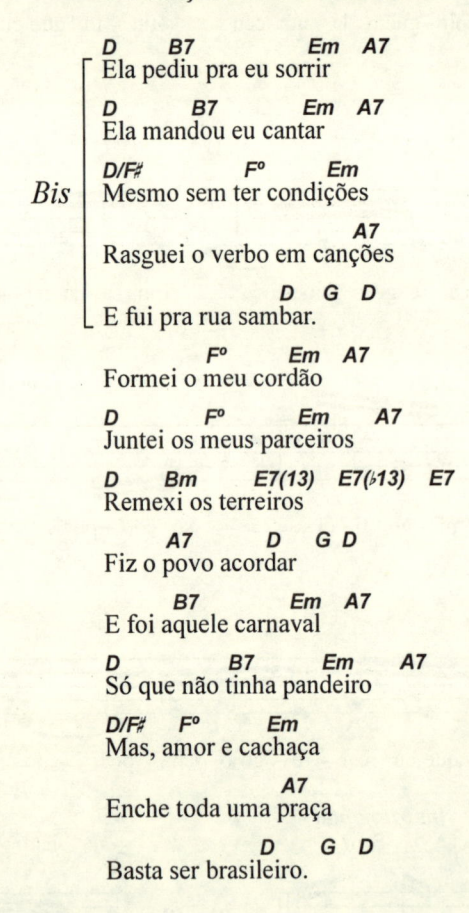

Bis
```
      D      B7       Em   A7
   Ela pediu pra eu sorrir

      D      B7       Em   A7
   Ela mandou eu cantar

      D/F#        F°      Em
   Mesmo sem ter condições

                         A7
   Rasguei o verbo em canções

                     D  G  D
   E fui pra rua sambar.
```

```
              F°     Em   A7
         Formei o meu cordão

         D     F°    Em   A7
         Juntei os meus parceiros

         D   Bm    E7(13) E7(♭13) E7
         Remexi os terreiros

             A7       D  G  D
         Fiz o povo acordar

              B7      Em  A7
         E foi aquele carnaval

         D       B7     Em   A7
         Só que não tinha pandeiro

         D/F#    F°     Em
         Mas, amor e cachaça

                    A7
         Enche toda uma praça

                    D  G  D
         Basta ser brasileiro.
```

Introdução

Copyright © 1977 by IRMÃOS VITALE S/A INDÚSTRIA E COMÉRCIO (100%)
Todos os direitos autorais reservados para todos os países.
All Rights Reserved. International Copyright Secured.

Sheet music in D major.

D	Voz	B7	Em	A7	D	B7	Em A7

E - la pe - diu pra eu sor - rir___ E - la man - dou eu can - tar___

D/F#   F°   Em   A7

Mes - mo sem ter con - di - ções___ Ras - guei o ver - bo em can - ções___

1. D G D   2. A7   D G

E fui pra ru - a sam - bar.___ E - la pe- E fui pra ru - a sam - bar.___

D   F°   Em   A7   D   F°   Em   A7

For - mei o meu cor - dão___ Jun - tei os meus par - cei - ros___

D   Bm   E7(13)   E7(♭13)   E7

___ Re - me - xi os ter - rei - ros___ Fiz o

A7   D G D   B7   Em   A7

po - vo a cor - dar___ E foi a - que - le car - na - val___

D   B7   Em   A7

Só que não ti - nha pan - dei - ro___

D/F#   F°   Em   A7

Mas, a - mor e ca - cha - ça___ En - che to - da u - ma pra - ça___

D G *Fim* D

Bas - te ser bra - si - lei - ro.___ Ao 𝄋 e fim E - la pe-

Êta mundo

ROLANDO BOLDRIN

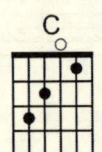

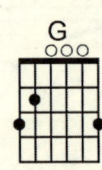

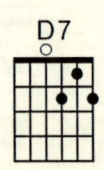

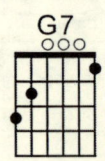

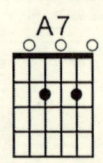

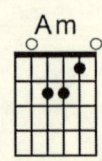

```
C      G     D7       G  G7
Ei, êta luta, êta mundo, lá, lá, rá,
C      G     D7       G
Ei, êta luta, êta mundo, lá, lá rá.
```

Andei por cima de pedras
                 A7
Pisei como um cego santo
Am
Abandonei a família
   D7   G
Alvoraçada de espanto

Seguindo caminhos duros
             A7
De serras e desencantos
Am
Arrematando os meus versos
   D7   G
Nas noites sem acalanto

Carreguei meu cravinote
          A7
Só mesmo por garantia
Am
E também minha viola
   D7   G
Pra cantar o que eu sabia

Deixei crescer minha barba
      A7
Mudei de fisionomia
Am
Mas cá dentro do meu peito
   D7   G G7
Não mudava o que eu sentia

Ensinei a meninada
        A7
As toadas do sertão
Am
Pra cantar de madrugada
   D7   G
Nas festas de mutirão

Falei tudo o que eu pensava
           A7
A quem nunca tinha visto
Am
Falei de coisas passadas
   D7   G
Nos tempos de Jesus Cristo

Nas histórias que me valem
        A7
Dos amores e perdão
Am
Falei a minha verdade
  D7   G
Em forma de oração

Hoje eu volto machucado
        A7
Pelas cruzes deste mundo
Am
Pro meu antigo reinado
   D7   G   G7
E sou chamado vagabundo
C   G   D7   G G7
Ei, êta luta, êta mundo, lá, lá, rá,
C   G   D7   G
Ei, êta luta, êta mundo, lá, lá, rá.

Êta mundo

Ei, êta luta, êta mundo, lá, lá, rá, rá. Andei por cima de pedras Pisei como um cego santo Abandonei a família Alvoraçada de espanto Seguindo caminhos duros De serras e desencantos Arrematando os meus versos Nas noites sem acalanto Carreguei meu cravinote Só mesmo por garantia E também minha viola Pra cantar o que eu sabia Deixei crescer minha barba Mudei de fisionomia Mas cá dentro do meu pei-

-to Não mudava o que eu sentia Ei, ê ta luta, ê ta mundo, lá, lá rá rá Ensinei a meninada As tó-rias que me valem Dos a--adas do sertão Pra cantar de madrugada Nas -mores e perdão Falei a minha verdade Em festas de mutirão Falei tudo o que eu pensava A quem forma de oração Hoje eu volto machucado Pelas nunca tinha visto Falei de coisas passadas Nos cruzes deste mundo Pro meu antigo rei- tempos de Jesus Cristo Nas his--nado E sou chamado vagabun--do Ei, ê ta luta, ê ta mundo, lá, lá, rá, rá.

Eu, a viola e Deus

ROLANDO BOLDRIN

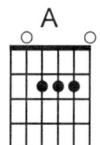

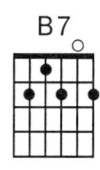

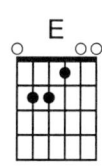

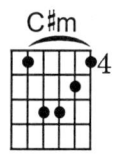

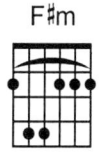

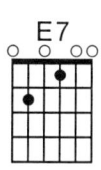

Introdução: **A B7 A B7 E B7 E B7**

E
Eu vim-me embora

    C#m   F#m
E na hora cantou um passarinho

              B7
Porque eu vim sozinho

E   B7   E
Eu, a viola e Deus

                       C#m
Vim parando assustado, espantado

               F#m
Com as pedras do caminho

           B7
Cheguei bem cedinho

E   B7 E   E7
A viola, eu e Deus.

A
Esperando encontrar o amor

        B7   E
Que é das velhas toadas canções

               B7
Feito as modas da gente cantar

     E   B7   E   E7
Nas quebradas dos grandes sertões

      A
Na poeira do velho estradão

   B7   E
Deixei marcas do meu coração

                      B7
E nas palmas da mão e do pé

  E   B7   E
Os catiras de uma mulher, ei...

              C#m   F#m
Essa hora da gente ir-se embora é doída

        B7
Como é dilurida

E   B7   E
Eu, a viola e Deus

Instrumental: **A B7 A B7 E B7 E B7**

E
Eu vou-me embora

    C#m   F#m
E na hora vai cantar um passarinho

             B7
Porque eu vou sozinho

E   B7   E
Eu, a viola e Deus

                       C#m
Vou parando assustado, espantado

               F#m
Com as pedras do caminho

           B7
Vou chegar cedinho

E   B7 E   E7
A viola, eu e Deus.

Esperando...

Eu a viola e Deus

Eu vim me embora E na
Eu vou me embora e na
hora cantou um passarinho Por que eu vim sozinho Eu, a viola e
hora vai cantar um passarinho Por que eu vou sozinho Eu, a viola e
Deus Vim parando assustado, espantado Com as pedras do caminho
Deus Vim parando assustado, espantado Com as pedras do caminho
Cheguei bem cedinho A viola, eu e Deus. Espe-
Vou chegar cedinho A viola, eu e Deus.
-rando encontrar o amor Que é das velhas toadas canções Feitas
-eira do velho estradão Deixei marcas do meu coração E nas

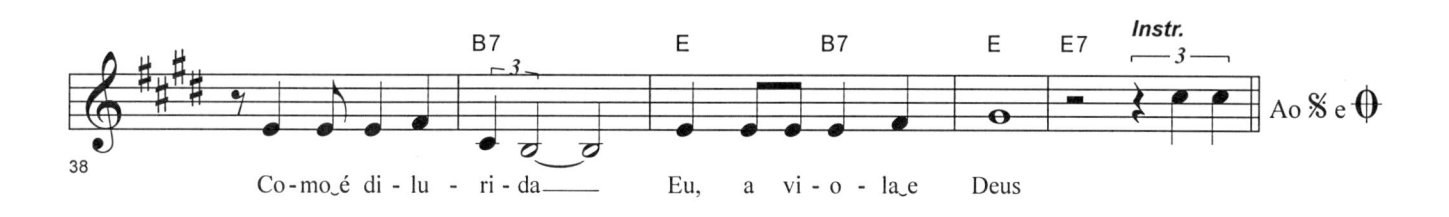

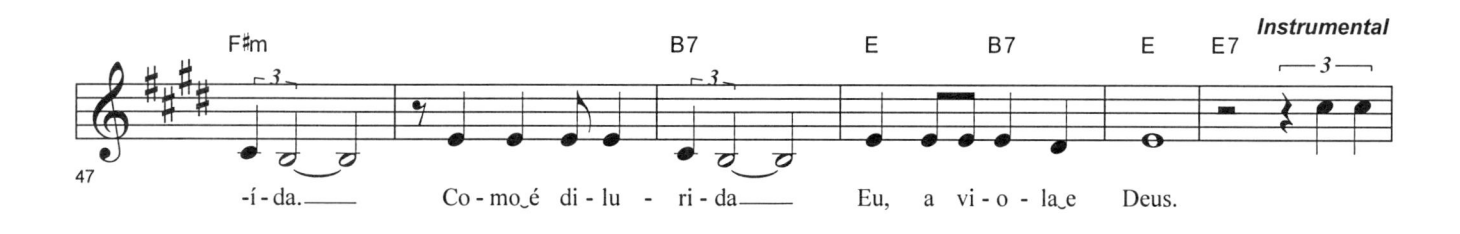

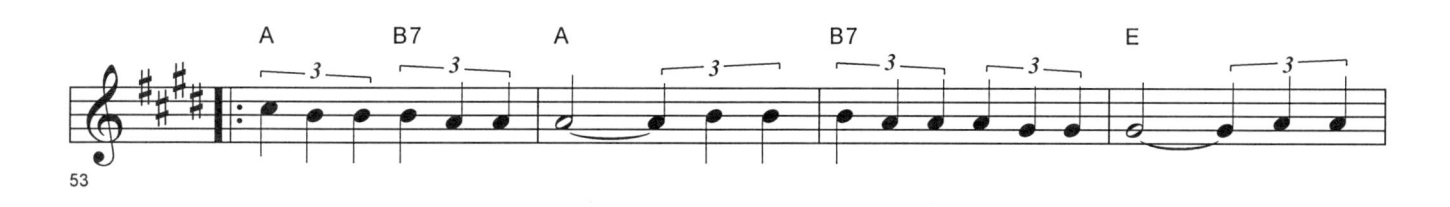

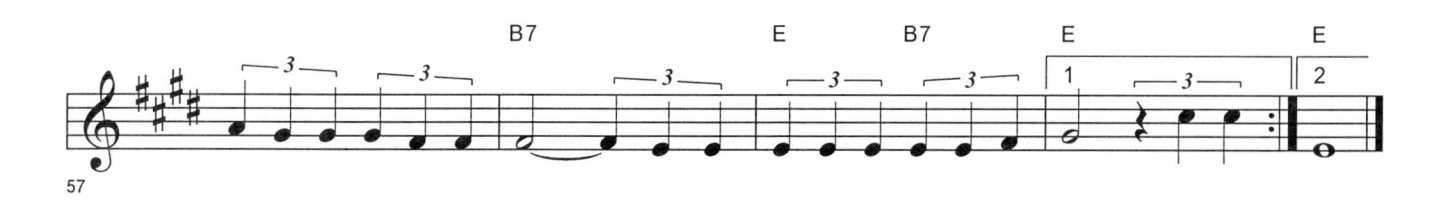

mo - das da gen - te can - tar___ Nas que - bra - das dos gran - des ser - tões Na po-
pal - mas da mão e do pé___ Os ca - ti - ras de u - ma mu-

-lher, ei...___ Es - sa ho - ra da gen - te_ir - se_em - bo - ra_é do - í - da___

Co - mo_é di - lu - ri - da___ Eu, a vi - o - la_e Deus   Ao 𝄋 e 𝄌

-lher,   ei...___ Es - sa ho - ra da gen - te_ir se_em - bo - ra_é do-

-í - da.___ Co - mo_é di - lu - ri - da___ Eu, a vi - o - la_e Deus.

51

Morena por mal dos pecados

ROLANDO BOLDRIN

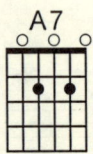

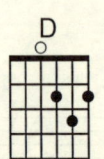

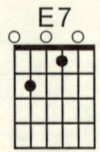

Introdução: **D A7 D E7 A7 D**

Refrão
       A7   **D**   **E7 A7**   **D**
Morena,___ morena,__ eu quisera te governar__
       A7   **D**   **E7 A7**   **D**
Morena,___ morena,__ eu quisera te governar__

                    A7
Oh morena que eu vi lá na ro___ça
                    D
Remoça meu corpo e me aque__ça
           A7   **D**
Me leva pra dentro da vio__la
             A7   **D**
E me queima dos pés a cabeça__

Refrão

                  A7
Oh morena que é plena nos tru___ques
             A   **D**
E machuca no velho colchão___
             A7   **D**
No inverno se vai ao batu__que
          A7   **D**
É sinal que incendeia o verão__

Refrão
                 A7
Oh morena cheinha de gra___ça
       A7   **D**
Me abraça e me caça o perdão__
            A7   **D**
Que eu te digo por mal dos peca__dos
        A7   **D**
E te cego de amor e paixão___

Refrão
                 A7
Oh morena dos pés ensaboa___dos
      A7   **D**
Enxaguados lá no Ribeirão___
           A7   **D**
Deixa eu ser um tiquim seu escra__vo
      A7   **D**
Eu te lavo de amor do sertão.__
      A7   **D E7 A7 D**
Morena,___ morena.__
      A7   **D E7 A7 D**
Morena,___ morena.__

Copyright © 1981 by IRMÃOS VITALE S/A INDÚSTRIA E COMÉRCIO (100%)
Todos os direitos autorais reservados para todos os países.
All Rights Reserved. International Copyright Secured.

Mo - re - na,_____ mo - re - na,_____ eu qui - se - ra te go - ver - nar._____

_____ Mo - re - na,_____ mo - re - na,_____ eu qui - se - ra te go - ver - nar._____

_____ Oh mo - re - na que eu vi - lá na ro - ça Ré - mo - ça meu
Oh mo - re - na que é ple - na nos tru - ques E ma - chu - ca no
Oh mo - re - na che - i - nha de gra - ça Me a - bra - ça e me
Oh mo - re - na dos pés en - sa - boa - dos en - xa - gua - dos lá

cor - po e me a - que - ça Me le - va pra den - tro da vio -
ve - lho col - chão_____ No in - ver - no se vai ao ba - tu -
ca - ça o per - dão_____ Que eu te di - go por mal dos pe - ca -
no Ri - bei - rão_____ Dei - xa eu ser um ti - quim seu es - cra -

- la E me quei - ma dos pés à ca - beça,_____ Mo - re - na,_____
- que É si - nal que in - cen - dei a o ve - rão,_____
- dos E te ce - go de a - mor e pai - xão,_____
- vo Eu te la - vo de a-

-mor do ser - tão,_____ mo - re - na,_____ mo - re - na._____

_____ Mo - re - na,_____ mo - re - na._____ Mo - re - na,_____

Êta país da América

ROLANDO BOLDRIN

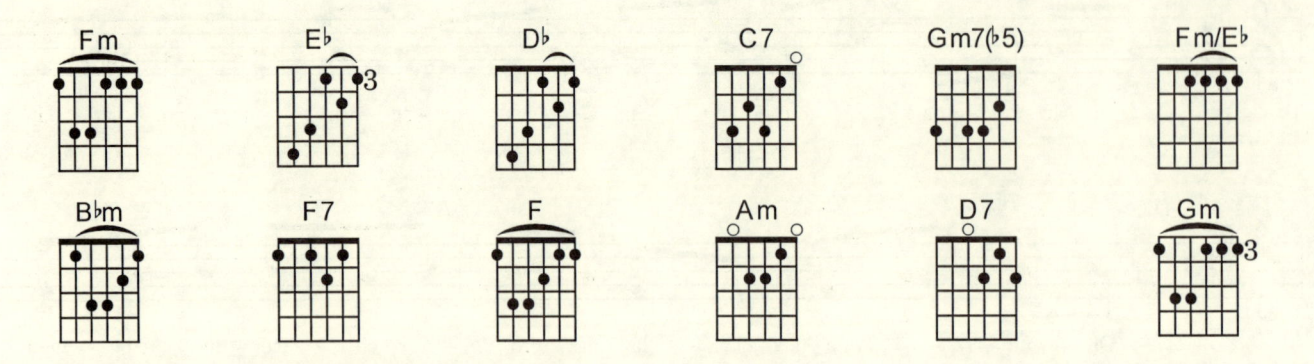

Introdução: **Fm E♭ D♭ C7**

Fm
Êta país tão sinfônico
          Gm7(♭5) D♭ C7 Fm
Que é da América   do Sul

     Fm/E♭
Êta país biotônico
    D♭   **C7**
Que é do Jeca-Tatú

 B♭m   **C7**   **Fm**
Eu vim lá dos cafundós do Judas
    C7
E as mudas de lugar
    Fm   **F7**   **B♭m**
Foi pra eu melhorar de vida
      Fm
Mas que vida
  B♭m   **Gm7(♭5)** **C7**
Que vida vou levar?
  F
Só Deus sabe
             C7
Velhas estradas das milongas coloridas
              F
Grandes atalhos dão num beco sem saída
   Am   **D7**
Se eu vim do norte ou lá do sul
  Gm
Pouco importará
  C7
Leste ou oeste é um faroeste
  F   **E♭ D♭ C7**
Pra poder chegar

Fm   **Gm7(♭5) D♭ C7 Fm**
Êta país amazônico, harmônico e azul
        Fm/E♭   **D♭**   **C7**
É um país biotônico do Jeca-Tatú
B♭m   **C7**   **Fm**
Eu vim lá dos cafundós do Judas
    C7
E as mudas de lugar
   Fm   **F7**   **B♭m**
Foi pra eu melhorar de vida
   Fm
Mas que vida
  B♭m   **Gm7(♭5) C7**
Que vida vou levar?
  F
Só Deus sabe
             C7
Velhas estradas das milongas coloridas
             F
Grandes atalhos dão num beco sem saída
   Am   **D7**
Se eu vim do norte ou lá do sul
  Gm
Pouco importará
  C7
Leste ou oeste é um faroeste
  F
Pra poder chegar

Instrumental: **C7 F Am D7 Gm C7 F**
C7 F Am D7 Gm C7 F E♭ D♭ C7
Fm
Êta país da América.

Êta país da América

Introdução

Ê - ta pa - ís___ tão sin - fô - ni - co___
Ê - ta pa - ís___ a - ma - zô - ni - co,

Que é da A - mé - ri - ca___ do Sul___ Ê - ta pa-
har - mô - ni - co e a - zul___ É___ um pa-

-ís___ bi - o - tô - ni - co___ Que é do Je - ca - Ta - tú___
-ís___ bi - o - tô - ni - co___ do Je - ca - Ta - tú___

Eu vim lá dos ca - fun - dós do Ju - das___ E as mu - das de lu - gar Foi
Eu vim lá dos ca - fun - dós do Ju - das___ E as mu - das de lu - gar Foi

pra eu me - lho - rar de vi - da___ Mas que
pra eu me - lho - rar de vi - da___ Mas que

vi - da___ Que vi - da vou le - var?___ Só Deus
vi - da___ Que vi - da vou le - var?___ Só Deus

Copyright © 1981 by IRMÃOS VITALE S/A INDÚSTRIA E COMÉRCIO (100%)
Todos os direitos autorais reservados para todos os países.
All Rights Reserved. International Copyright Secured.

sa - be Velhas estradas das milongas colo-
-ridas Grandes atalhos dão num beco sem saída Se eu vim do
norte ou lá do sul Pouco importará Leste ou oeste é um faroeste Pra po-
-der chegar / -der chegar.

Ao % e ⊕

Ê - ta pa - ís da A - mé - ri - ca.

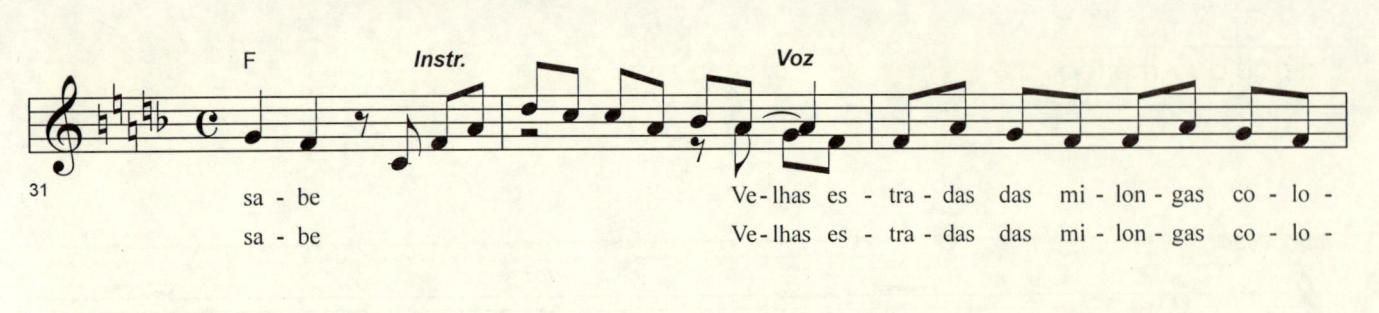

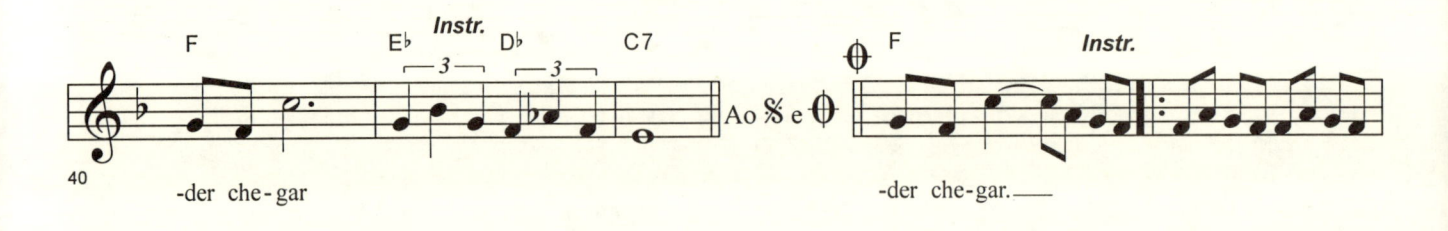

Vide, vida marvada

ROLANDO BOLDRIN

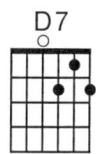

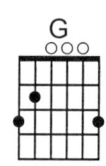

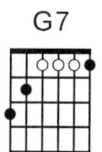

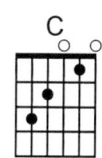

Introdução: **D7**

Corre um boato aqui donde eu moro

Que as mágoas que eu choro são mal ponteadas

Que no capim mascado do meu boi

A baba sempre foi santa e purificada.

Diz que eu rumino desde menininho

Fraco e mirradinho a ração da estrada

Vou mastigando o mundo e ruminando

E assim vou levando essa vida marvada.
     G   **D7**
É que a viola fala alto no meu peito mano
                            G
E toda moda é um remédio pros meus desenganos
                      D7
É que a viola fala alto no meu peito, humano.
                     G
E toda mágoa é um mistério fora deste plano.
    G7   **C**
Pra todo aquele que só fala que eu não sei viver

Chega lá em casa pra uma visitinha
                       G
Que no verso ou no reverso da vida inteirinha
     D7   **G**
Há de encontrar-me num cateretê,
     D7   **G D7**
Há de encontrar-me num cateretê.

Tem um ditado tido como certo

Que o cavalo esperto não espanta a boiada

E quem refuga o mundo resmungando

Passará berrando essa vida marvada

Cumpadi meu que envelheceu cantando

Diz que ruminando dá pra ser feliz

Por isso eu vagueio ponteando, e assim

Procurando a minha flor-de-lis.
     G   **D7**
É que a viola fala alto no meu peito mano
                            G
E toda moda é um remédio pros meus desenganos
                      D7
É que a viola fala alto no meu peito, humano.
                     G
E toda mágoa é um mistério fora deste plano.
    G7   **C**
Pra todo aquele que só fala que eu não sei viver

Chega lá em casa pra uma visitinha
                       G
Que no verso ou no reverso da vida inteirinha
     D7   **G**
Há de encontrar-me num cateretê,
     D7   **G D7**
Há de encontrar-me num cateretê.

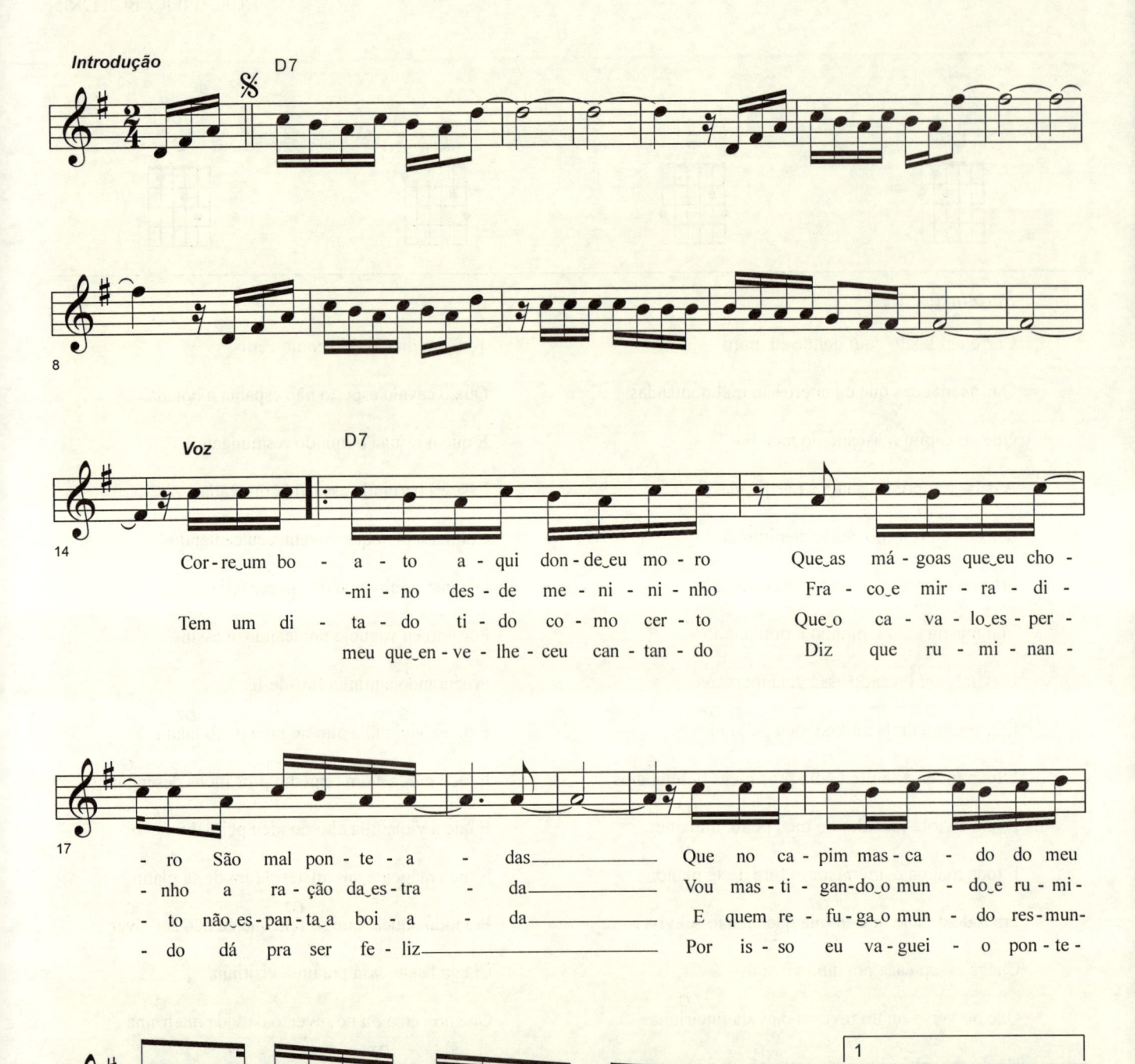

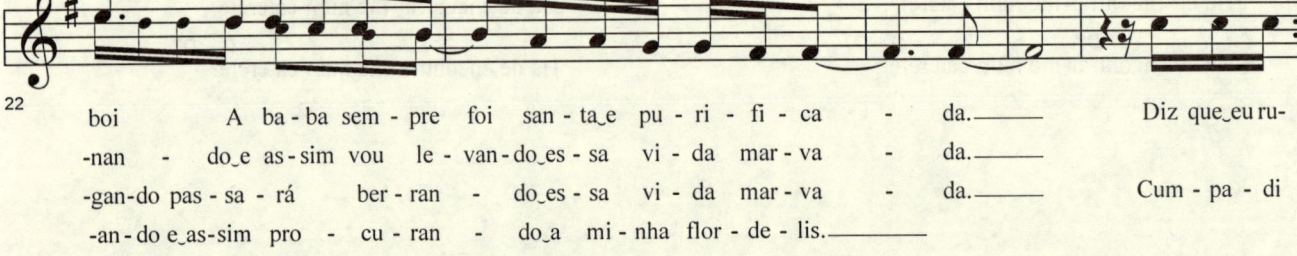

Vide vida marvada

Introdução D7

Voz D7

Cor - re um bo - a - to a - qui don - de eu mo - ro Que as má - goas que eu cho-
Tem um di - ta - do ti - do co - mo cer - to Que o ca - va - lo es - per-
 -mi - no des - de me - ni - ni - nho Fra - co e mir - ra - di-
meu que en - ve - lhe - ceu can - tan - do Diz que ru - mi - nan-

-ro São mal pon - te - a - das_____ Que no ca - pim mas - ca - do do meu
-nho a ra - ção da es - tra - da_____ Vou mas - ti - gan - do o mun - do e ru - mi-
-to não es - pan - ta a boi - a - da_____ E quem re - fu - ga o mun - do res - mun-
-do dá pra ser fe - liz_____ Por is - so eu va - guei o pon - te-

boi A ba - ba sem - pre foi san - ta e pu - ri - fi - ca - da._____ Diz que eu ru-
-nan - do e as - sim vou le - van - do es - sa vi - da mar - va - da._____
-gan - do pas - sa - rá ber - ran - do es - sa vi - da mar - va - da._____ Cum - pa - di
-an - do e as - sim pro - cu - ran - do a mi - nha flor - de - lis._____

Copyright © 1983 by IRMÃOS VITALE S/A INDÚSTRIA E COMÉRCIO (100%)
Todos os direitos autorais reservados para todos os países.
All Rights Reserved. International Copyright Secured.

É que a vi-o-la fala alto no meu peito ma-no
-o-la fala alto no meu peito hu-ma-no

E toda mo-da é um re-mé-dio pros meus de-sen-ga-nos
E toda má-goa é um mis-té-rio fora deste pla-no

É que a vi- Pra todo aquele que só fala que eu não sei viver

Chega lá em casa pra uma visiti-nha Que no verso ou no re-

-verso da vida inteiri-nha Há de encontrar-me num cate-re-tê,

Há de encontrar-me num cate-re-tê

Instr.

Ao 𝄋

Fade out

Faca de ponta

ROLANDO BOLDRIN

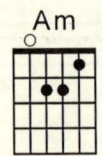

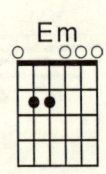

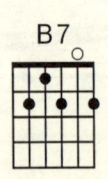

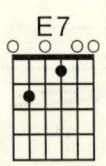

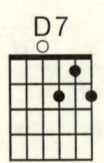

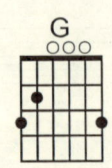

Introdução: Am Em B7 E7 Am Em B7 Em

Faça de conta que faca de ponta
                              B7
Não de leva em conta nessa história não

Cala-te boca, já falaste tudo
                        Em
Hoje o surdo-mudo ganha mais tostão

O amor é cego, roto, vagabundo
      E7   Am
Que veio pro mundo sem ocupação.

     Am   Em
Bis [Eu abro o olho, fecho o bico e calo
       B7
    Não explico, nem falo
       Em
    Por enquanto não

 D7   G
Deixa passar, tá de coisa preta
     B7   Em
Que já se espalha pro lado de cá
   Am   Em
Eu arregaço as mangas da camisa
    B7   Em
Eu vou entrar na chuva só pra me molhar.

Instrumental: Am Em B7 E7 Am Em B7 Em

Por um acaso você viu Maria?
                      B7
Aquela aparecida, que não apareceu

Ela que andava tão entristecida
                           Em
Com essa minha vida, com esse jeito meu

Fala pra ela que o meu carro canta
     E7   Am
Que a viola santa, também percebeu.

     Am   Em
Bis [Que eu to sozinho nesse mundo torto
       B7
    E já me sinto morto
       Em
    E ela me esqueceu

 D7   G
Deixa passar, tá de coisa preta
     B7   Em
Que já se espalha pro lado de cá
     Am   Em
Bis [Eu arregaço as mangas da camisa
    B7   Em B7 Em
    Eu vou entrar na chuva só pra me molhar.

Copyright © 1988 by IRMÃOS VITALE S/A INDÚSTRIA E COMÉRCIO (100%)
Todos os direitos autorais reservados para todos os países.
All Rights Reserved. International Copyright Secured.

Ca-la-te bo-ca, já fa-las-te tu-do Ho-je o sur-do-mu-do ga-nha mais tos-
E-la que an-da-va tão en-tris-te-ci-da Com es-sa mi-nha vi-da, com es-se jei-to

-tão____ O a-mor é ce-go, ro-to, va-ga-bun-do Que vei-o pro
meu____ Fa-la pra e-la que o meu car-ro can-ta Que a vi-o-la

mun-do sem o-cu-pa-ção.____ Eu a-bro o o-lho, fe-cho o bi-co e
san-ta, tam-bém per-ce-beu.____ Que eu to so-zi-nho nes-se mun-do

ca-lo Não ex-pli-co, nem fa-lo Por en-quan-to não Eu a-bro não Dei-xa pas-
tor-to E já me sin-to mor-to E e-la me es-que-ceu Eu to so--ceu

-sar, tá de coi-sa pre-ta Que já se es-pa-lha pro la-do de cá Eu ar-re-ga-ço as man-gas da ca-

-mi-sa Eu vou en-trar na chu-va só pra me mo-lhar. *Ao % e ⊕*

-lhar.____ Eu ar-re-ga-ço as man-gas da ca-mi-sa Eu vou en-trar na chu-va só pra me mo-lhar.

Toada da Revolução

ROLANDO BOLDRIN

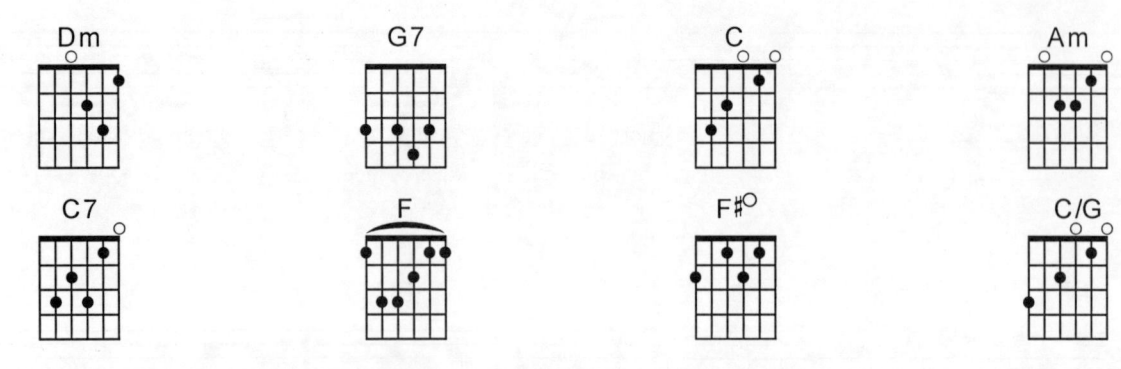

Introdução: **Dm G7 C Am Dm G7 C G7**

C
Contei pra meu companheiro de moda

Dm
Uma história de revolução

G7
Que eu vi contar em conversa de roda

C
Como coisas de assombração

Então esse meu companheiro de moda

C7   **F**
Depois de me ouvir assombrado

F#°   **C/G**   **Am**
Pediu que eu cantasse com ele no meu

Dm   **G7** **C**
Um refrão desesperado

Bis
G7   **C**
Ai meu Deus

G7   **C**
Que mundo pra se endoidar, credo em cruz

G7   **C**
Só se pegando em Jesus.

Declamado:
Depois de uma noite inteira de prosa e passeio só nós dois, eu já não chamava ele mais de Capeta, Diabo, Satanás, Tinhoso, Arrenegado, Pé de Pato, Chifrudo, Manhoso, nem de Belzebu, era só Bebu, e ele me chamava de Zé, ou melhor, Zé Capial, eh, eh. Era Zé pra cá, Zé pra lá, naquela velha intimidade como se a gente fosse amigo há muito tempo. Mas amigo de verdade! De repente ele me olhou, e sem porque, olhou, e fez assim:
- Eu fiz uma revolução contra Deus, Zé Capial, fui vencido, excomungado, escorraçado e exilado, fui chamado de o "Rei da heresia", mas nunca em toda minha vida veja bem, Zé Capial, nunca fui pedir pra ele a tal de anistia. Você conhece Zé? O meu programa de governo? Pois eu tenho um programa de governo, Zé, Deus me venceu pra todo sempre, tá bom o governo eterno, mas eu te pergunto: O mundo que ele organizou? Tá bom? Você não sofre, Zé? Não vive na miséria? Hein? Os homens não vivem em guerra se matando uns aos outros? Hein, Zé, Deus fracassou, Zé Capial, Deus fracassou... E baixou a cabeça espumando, só aí se calou. Eu olhei no relógio, já era quase sete horas, o dia tinha amanhecido, falei: - Bebu, é tarde, olha? E ele olhou pra mim e perguntou: - Pra onde que se vai agora, Zé? Hein? Qual é seu caminho Jeca Tatu? Hein? Zé cheio de preguiça. Falei: - Vou dormir Bebu, é tarde tô com sono. E você? Pra onde é que se vai? Ele me olhou muito triste nos olhos e arrematou: - Eu? Eu vou à missa...

Toada da revolução

*Contei pra meu companheiro de moda
Uma história de revolução
Que eu vi contar em conversa de roda
Como coisas de assombração
Então esse meu companheiro de moda
Depois de me ouvir assombrado
Pediu que eu cantasse com ele no meu
Um refrão desesperado
Ai meu Deus, que mundo pra se endoidar,
credo em cruz
Só se pegando em Jesus.*

Copyright © 1989 by IRMÃOS VITALE S/A INDÚSTRIA E COMÉRCIO (100%)
Todos os direitos autorais reservados para todos os países.
All Rights Reserved. International Copyright Secured.

Ao 𝄋 e 𝄌

Con- se pe - gan - do em Je - sus.

Terno de missa

ROLANDO BOLDRIN

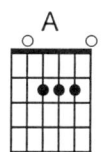

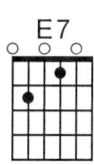

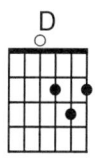

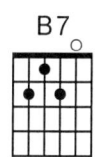

Introdução: A E7 D A D A B7 E7

```
A            E7
Começa o ato da peça

Meu povo arremessa
        A  E7  A
Uma moda no ar
              E7
Misto de verso bonito

E canção de bendito
         A  E7  A
Se ouve a acolá
         E7
Êta gente que reza

Que pensa e que preza
         A
Os favores do céu
              E7
Quem não canta improvisa

Suando a camisa
         A  E7  A  E7
Correndo o chapéu
A           E7
Segundo ato da peça

O povo recomeça
        A  E7  A
Mudando o refrão
                  E7
Agora a coisa é mais tensa
```

```
                        A   E7  A
Se nota a presença de um pelotão
          E7
Atrapalhando a palestra
                    A
Explode na festa um provocador
         E7
E o povo na praça se cala

No ronco da fala
           A  E7  A  E7
De um trabalhador
A              E7
Fecha-se o pano da peça
                              A  E7  A
Alguém vem depressa enxugar seu suor
         E7
Entre abraços e beijos

Vêm francos desejos
         A  E7  A
De um ato melhor
         E7
Povo de amor mais profundo
                         A
O poeta do mundo é teu redentor
         E7
Vamos cantando e quem sabe

Tudo não se acaba
         A  E7  A
Num parto sem dor
E7        A    D  E7  A
Ou num ato de amor.
```

Bis (Povo de amor mais profundo ... Num parto sem dor)

Terno de missa

Lyrics:

Começa o ato da peça Meu povo arremessa Uma moda no ar
Segundo ato da peça O povo recomeça Mudando o refrão
Fecha-se o pano da peça Alguém vem depressa enxugar seu suor

Misto de verso bonito E canção de bendito Se houve a co-
Agora a coisa é mais tensa Se nota a presença de um pe-lo-
Entre abraços e beijos Vêm francos desejos De um ato me-

-lá
-tão
-lhor

Ê ta gente que reza Que pensa e que preza Os favores do céu Quem não canta improvisa Suando a camisa Correndo o chapéu

Copyright © 1989 by IRMÃOS VITALE S/A INDÚSTRIA E COMÉRCIO (100%)
Todos os direitos autorais reservados para todos os países.
All Rights Reserved. International Copyright Secured.

A - tra - pa - lhan - do_a pa - les - tra Ex - plo - de na fes - ta um pro - vo - ca - dor E_o
Po - vo de_a - mor mais pro - fun - do Po - e - ta do mun - do é teu re - den - tor

po - vo na pra - ça se ca - la No ron - co da fa - la De_um tra - ba - lha-
Va - mos can - tan - do_e quem sa - be Tu - do não se_a - ca - ba Num par - to sem

-dor.
dor.

Ao 𝄋 s/ rep. e

Po - vo de_a - mor mais pro - fun - do_o po - e - ta do

mun - do é teu re - den - tor Va - mos can - tan - do_e quem sa - be Tu - do não se_a-

-ca - ba Num par - to sem dor.

Ou num a - to de_a - mor.

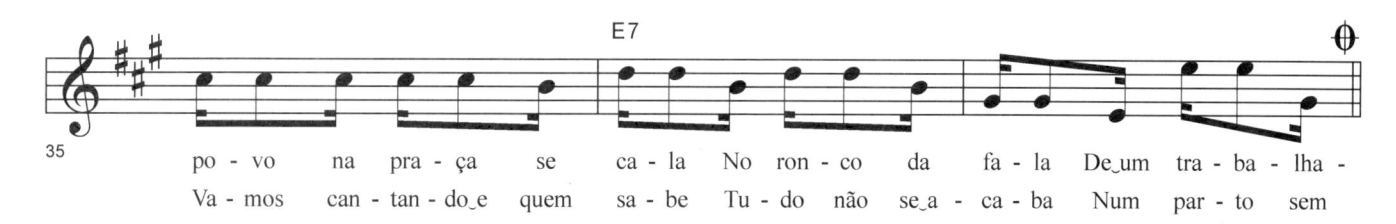

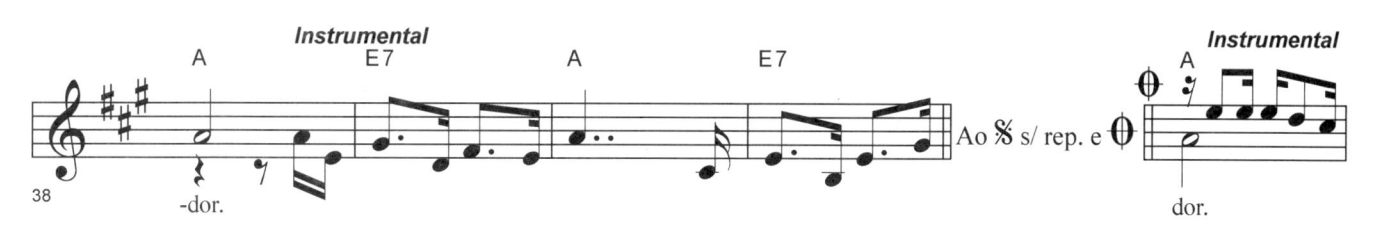

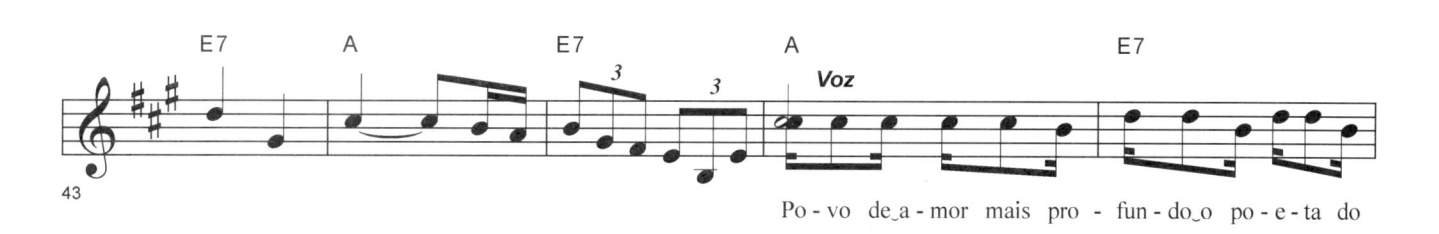

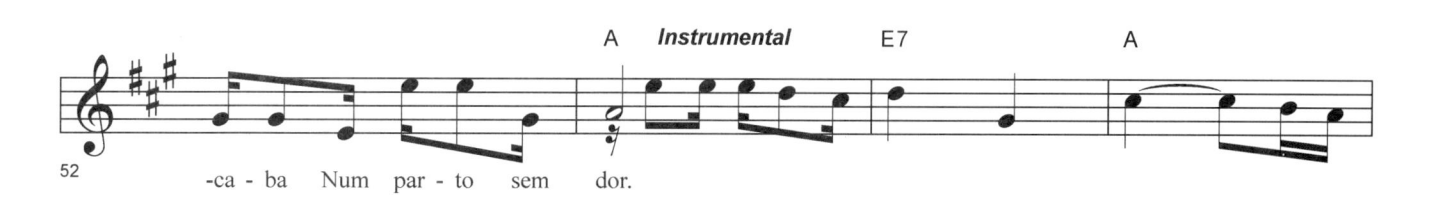

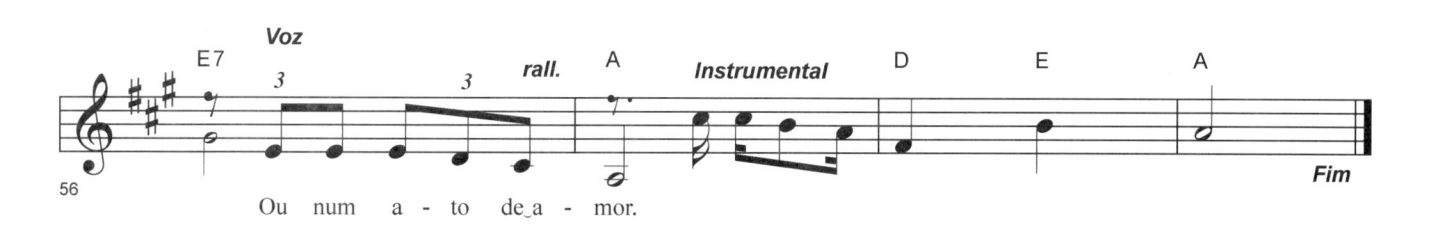

Fim

Moda do dente

ROLANDO BOLDRIN

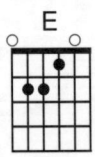

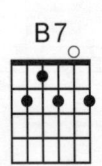

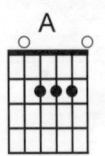

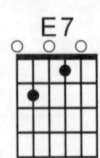

Introdução: E B7 E B7 E

           B7
Tava me alembrando agora
                   E
Do tempo que eu fui banguela
          A
Boca murcha, repuxada
      B7   E
Sem sorrir para as donzela
            B7
Ai moço que coisa triste
         E
É ter a boca vazia
  E7   A
A gente não tem mais gosto
        B7   E B7 E B7
Nem de puxar cantoria
E   B7
O destino caprichoso
           E
Um castigo quis me dar
            A
Eu fui medir força bruta
    B7   E
Com um baita dum marruá
          B7
Ele me apinchou no chão
      E   E7
Bati feio em terra suja
      A
Quebrei a cara inteirinha
    B7   E B7 E B7
E os denti foi di lambuja

E   B7
Tô com a boca consertada
          E
Graças ao doutor Matheu
             A
Dente em riba dente embaixo
  B7   E
Mió que os que Deus me deu
          B7
Nem cobrou pelo serviço
        E E7
Entendendo a situação
          A
Sem cantar eu me matava
  B7   E B7 E B7
Cantar banguela é que não
E   B7
Hoje eu to mais bonitinho
    E
Me falou a Graziela
           A
Pois in ante era pouquinho
  B7   E
O que eu sorria pra ela
         B7
Agora que nem criança
        E E7
Nós gargaia nos namoro
      A
E se rendê as poupança
  B7   E
Eu implanto um dente de ouro.

Moda do dente

Introdução

Tava me alembrando agora Do tempo que eu fui banguela Boca murcha, repuxada Sem sorrir para as donzela Ai mo-ço que coisa triste É ter a boca vazia A gente não tem mais gosto Nem de puxar cantoria

Boca consertada Graças ao doutor Matheu Dente em riba dente em baixo Mió que os que Deus me deu Nem cantar eu me matava Cantar banguela é que não abrou pelo serviço Entendendo a situação Sem can-

Copyright © 1993 by IRMÃOS VITALE S/A INDÚSTRIA E COMÉRCIO (100%)
Todos os direitos autorais reservados para todos os países.
All Rights Reserved. International Copyright Secured.

O des-ti-no ca-pri-cho-so Um cas-
Ho-je eu to mais bo-ni-tin-ho Me fa-
-ti-go quis me dar Eu fui me dir for-ça bru-ta Com um bai-
-lou a Gra-zi-e-la Pois in an-te e-ra pou-qui-nho O que
-ta dum mar-ru-á E-le me a-pin-chou no chão Ba-ti
eu sor-ria pra e-la A-go-ra que nem cri-an-ça Nós gar-
fei-io em ter-ra su-ja Que-brei a ca-ra in-tei-ri-nha E os den-ti
-ga-ia nos na-mo-ro E se ren-dê as pou-
foi di lam-bu-ja Tô com a
-pan-ça Eu im-plan-to um den-te de ou-ro.

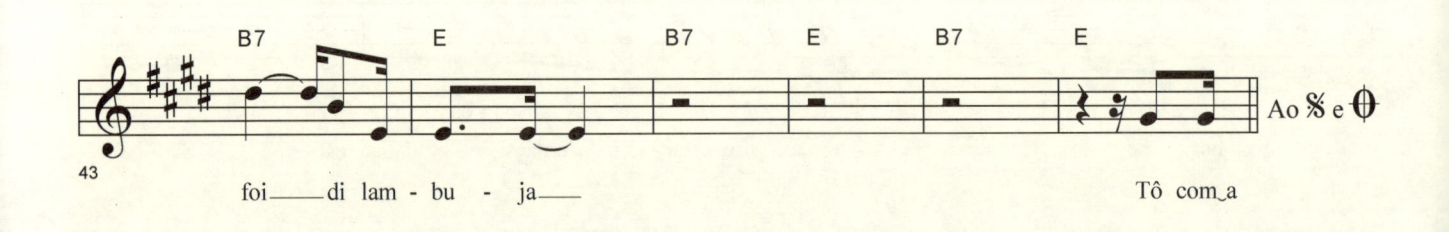

Moda do jogo

ROLANDO BOLDRIN

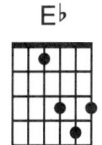

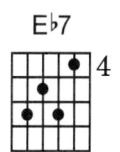

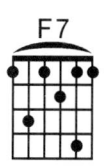

Introdução: **E♭**

       B♭7   **E♭**
Arranha o saco do Candinho e sai sangue
       B♭7   **E♭**
Arranha o saco do Candinho e sai sangue
    A♭   **E♭7**   **A♭**
Arranha o saco do Candinho e sai sangue
       E♭7   **A♭**
Arranha o saco do Candinho e sai sangue
      B♭7
Arranha o saco do Candinho e sai sangue

Do Candinho e sai sangue

            E♭
Do Candinho e sai sangue
       B♭7   **E♭**
Arranha o saco do Candinho e sai sangue

Comprei um baraio novo
  B♭7   **E♭**
Pra jogar com meu amor
  A♭
Ela foi dizer ao povo
       E♭
Que eu sou um jogador
      F7
Meu benzinho falou certo,
  A♭   **B♭7**
Sempre gostei de um joguinho
  E♭
Mas já firmei um decreto,
  B♭7 **E♭**
Só posso jogar sozinho

Mas já firmei um decreto,
  B♭7 **E♭** **B♭7 E♭ B♭7**
Só posso jogar sozinho.

E♭
Corto o baraio ligeiro,
  B♭7   **E♭**
Dô carta pra lá e pra cá
  A♭
Como não tenho um parceiro,
     E♭
Eu que começo jogar
     F7
Sou cativo do baraio,
  A♭   **B♭7**
Disso eu tenho consciência
  E♭
Já perdi dia de trabalho,
  B♭7 **E♭**
Inté jogo de paciência

Já perdi dia de trabalho,
  B♭7 **E♭** **B♭7 E♭ B♭7**
Inté jogo de paciência
E♭
Só tem um jogo maroto
  B♭7   **E♭**
É o truco, eu não vou jogar,
  A♭
Nele xinga a mãe dos outro
     E♭
Minha mãe num vou xingar
     F7
Disseram que eu tô pancada
  A♭   **B♭7**
Jogando assim, eu mais eu
  E♭
Mas se ganho perdo nada
  B♭7   **E♭**
E se eu perder ganho eu.

Moda do jogo

Arranha o saco do Candinho e sai sangue, Arranha o saco do Candinho e sai sangue, Arranha o saco do Candinho e sai sangue, Arranha o saco do Candinho e sai sangue, Do Candinho e sai sangue, Do Candinho e sai sangue, Arranha o saco do Candinho e sai sangue. Comprei um baraio

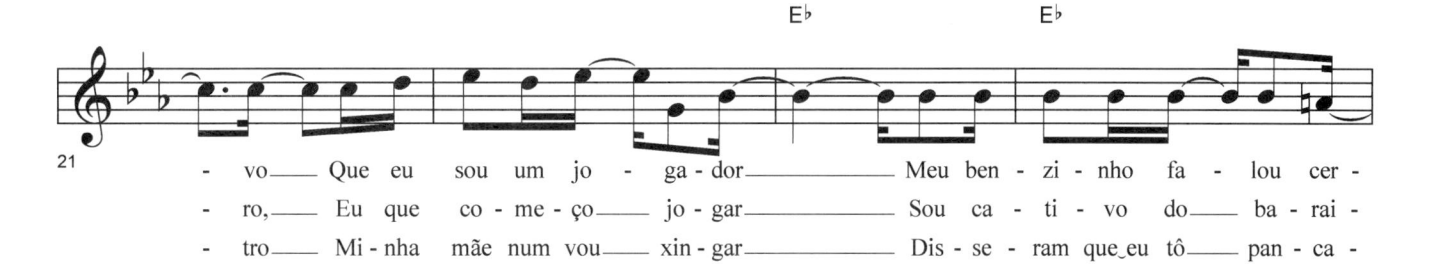

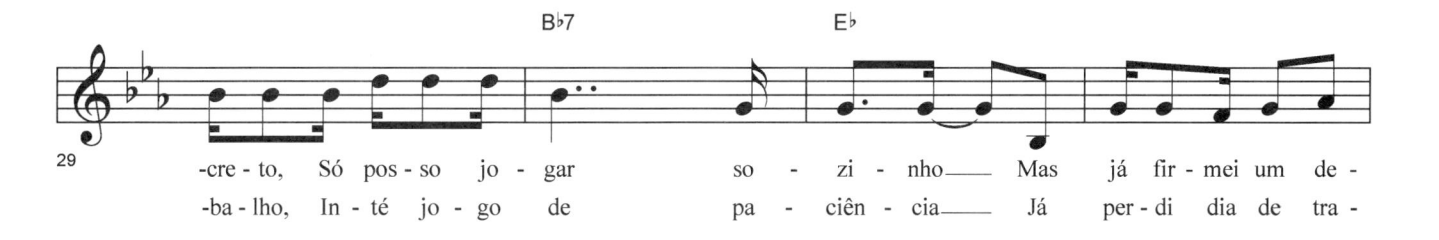

novo Pra jogar com meu amor — Ela foi dizer ao po-
-geiro, Dô carta pra lá e pra cá — Como não tenho um parcei-
-ro to É o truco, eu não vou jogar, Nele xinga a mãe dos ou-

-vo — Que eu sou um jogador — Meu benzinho falou cer-
-ro, Eu que começo jogar — Sou cativo do barai-
-tro — Minha mãe num vou xingar — Disseram que eu tô panca-

-to, Sempre gostei de um joguinho — Mas já firmei um de-
-o, Disso eu tenho consciência — Já perdi dia de tra-
-da — Jogando assim, eu mais eu — Mas

-creto, Só posso jogar sozinho — Mas já firmei um de-
-balho, Inté jogo de paciência — Já perdi dia de tra-

-creto, Só posso jogar sozinho.
-balho, Inté jogo de paciência

Corto o baraio li-se ganho perdo nada E se eu perder ganho eu.
Só tem um jogo ma-

Tempo das aves

ROLANDO BOLDRIN

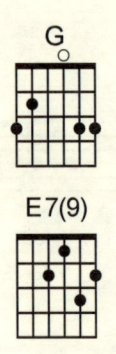

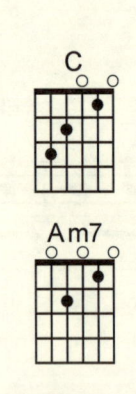

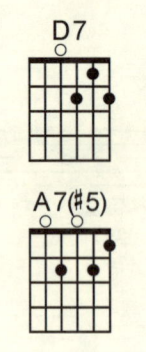

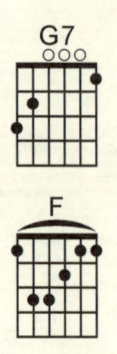

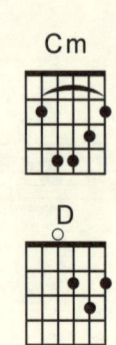

Introdução: **G C G C G C G C G**

Se você quiser
    D7   **G**
Você pode até voar

Dizem que a fé
  D7   **G**   **G7**
Tudo pode operar
      C   **Cm**
Ela pode te transformar____
        G   **E7(9)**
Num acrobata dos ares até
    Am7   **A7(#5)**
Jesus andou sobre os mares_____
      D7
Enfrentando as marés
      G
Você pode sambar
  D7   **G**
Nos terreiros que bem quiser

Seu corpo suar
  D7   **G** **G7**
Nas batidas do candomblé

          C   **Cm**
Se quiser também pode rezar____
    G   **E7(9)**
Nas esquinas da solidão____
    Am7   **A7(#5)**
E ali mesmo se____ batizar_____
    D7
Nas águas do ribeirão
    G
Pode entrar
  D7   **G**
Na capela do arraial___

Ou desfilar
  D7   **G** **G7**
Nas escolas de carnaval
    C   **Cm**
Você pode tudo fazer___
  G   **E7(9)**
Sua fé é que vai comandar____
  Am7   **D7**
Sua fé faz a terra tremer
  G **D7** **G**
Se nela sapatear.____

Instrumental: **G C G G C G C**
F C C F C D G D D G D
Repete toda letra:
Instrumental para final:
G C G G C G C F C C F
C D G D D G D G C G

Tempo das aves

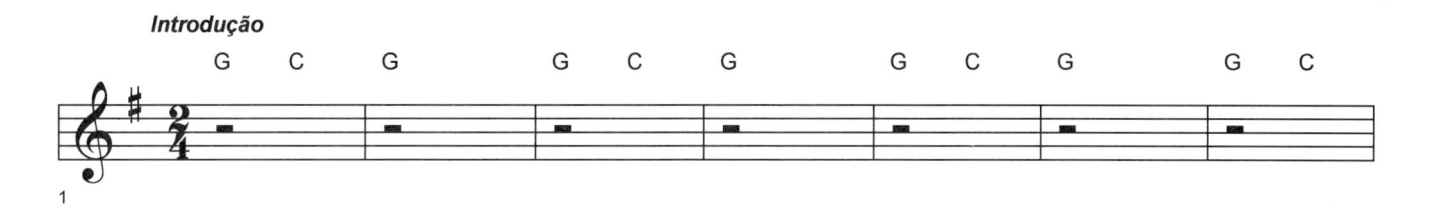

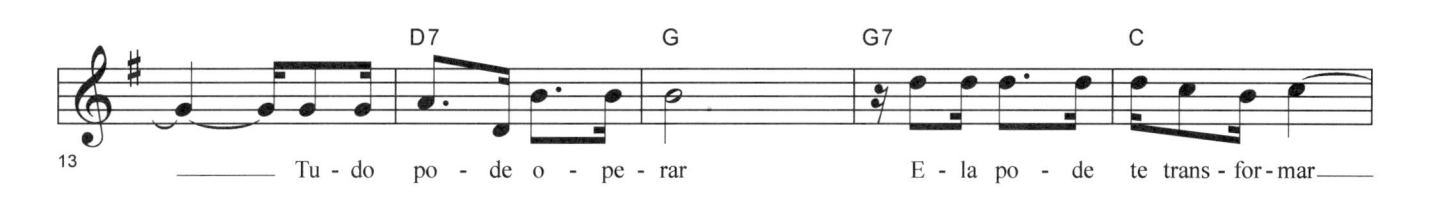

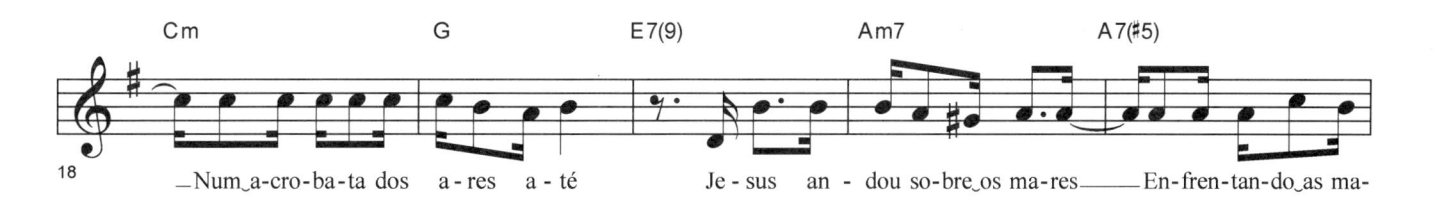

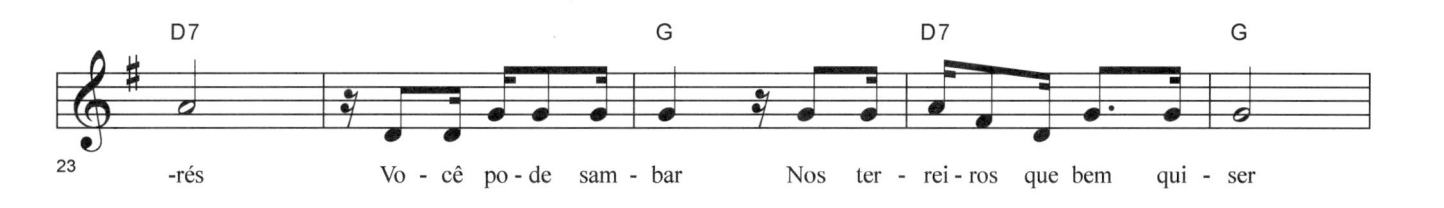

Introdução

Se você quiser / Você pode até voar / Dizem que a fé / Tudo pode operar / Ela pode te transformar / Num acrobata dos ares até / Jesus andou sobre os mares / Enfrentando as marés / Você pode sambar / Nos terreiros que bem quiser / Seu corpo suar / Nas batidas do candomblé / Se quiser também

Copyright © 2005 by IRMÃOS VITALE S/A INDÚSTRIA E COMÉRCIO (100%)
Todos os direitos autorais reservados para todos os países.
All Rights Reserved. International Copyright Secured.

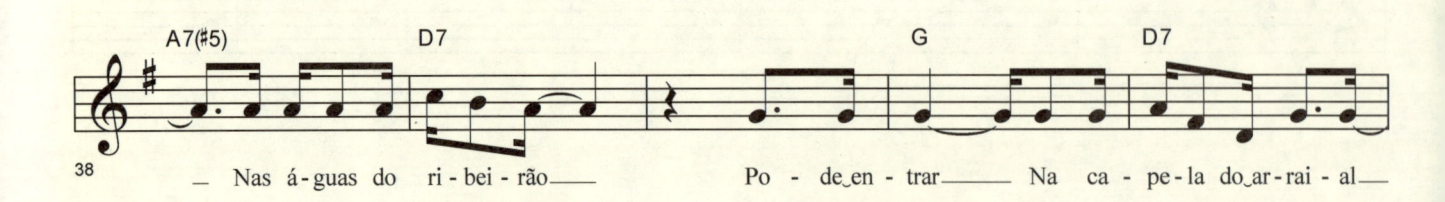

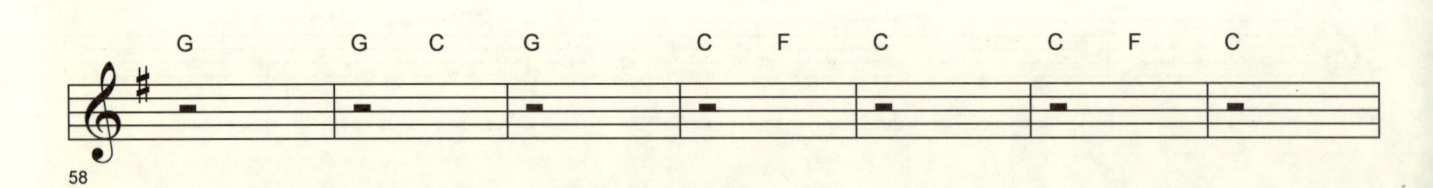

po-de re-zar___ Nas es-qui-nas da___ so-li-dão___ E a-li mes-mo se___ ba-ti-zar___
___ Nas á-guas do ri-bei-rão___ Po-de en-trar___ Na ca-pe-la do ar-rai-al
___ Ou des-fi-lar___ Nas es-co-las de car-na-val
Vo-cê po-de tu-do fa-zer___ Su-a fé é que vai co-man-dar___ Su-a fé faz a
ter-ra tre-mer Se ne-la sa-pa-te-ar.___

Se vo-cê qui-